Levent Aktoprak

Unterm Arm die Odyssee
Gedichte

Das Meer noch immer im Kopf
Poem

Levent Aktoprak

Unterm Arm die Odyssee
Gedichte

Das Meer noch immer im Kopf
Poem

Dağyeli

Levent Aktoprak:
Unterm Arm die Odyssee – Das Meer noch immer im Kopf

Überarbeitete Neuauflage 2021
© Dağyeli Verlag
www.dagyeli.com

Sämtliche Rechte vorbehalten.
Kein Teil des Werkes darf in irgendeiner Form
ohne schriftliche Genehmigung des Verlages reproduziert
oder unter Verwendung elektronischer Systeme vorgehalten,
verarbeitet, vervielfältigt oder reproduziert werden.

Konzeption und Gestaltung: Mario Pschera
Umschlag unter Verwendung eines Gemäldes von Serpil Arslan
    www.artxidenty.com
Türkische Textelemente übersetzt von Serpil Arslan
Gesetzt aus der Mixta Pro und der Avantgarde Gothic Pro
Druck: Booksfactory
Printed in Poland
ISBN 978-3-935597-62-3

Ein Lokalpatriot von Einsachtundsechzig
Anstelle eines Vorwortes

> Fußball ist wie Musik – international, und er wird überall gespielt. Dirigenten, Solisten und Chöre sind auch auf dem grünen Rasen zu finden ... Fußball ist wie Musik – eine Herzensangelegenheit ohne Passpflicht.

Es war vor vielen, vielen Jahren. Der Kalender schrieb die ersten Tage im Monat September. Ich kann mich noch gut erinnern, das Wetter im Ruhrgebiet meinte es gut mit uns, die Sonne hatte ihre Strahlkraft noch nicht verloren, nur gelegentlich waren vereinzelte Wolken zu sehen.

Wie gewohnt, zog es mich an diesem Nachmittag in die Innenstadt, vorbei an den Schaufenstern, ein bisschen schlendern, in das eine oder andere Geschäft reinschauen, ein wenig bummeln. Schließlich landete ich, wie immer damals, auf dem Westenhellweg, im Krügerhaus, in der großen Buchhandlung, um später beim Essen oder Kaffeetrinken etwas schmökern zu können. Ich hatte Glück, die Innenstadt war nicht so voll, ich konnte in Ruhe zunächst meinen Heißhunger auf Fritten stillen, ohne mich dabei mit der Tunke zu bekleckern, und mir später auf dem Alten Markt einen Platz für den Kaffee suchen.

Ich mag es – egal, in welcher Stadt – auf Plätzen zu sitzen, etwas zu trinken, zu lesen und Menschen zu beobachten. Meinen Augen freien Lauf zu lassen, auf eine Art Odyssee zu gehen. Die attraktive Frau mit dem Etuikleid und der Bikerjacke und den schwarzen High Heels war mir sofort aufgefallen. Keine Frage, sie hatte das gewisse Etwas: Sexappeal und Eleganz. Ihr Outfit betonte ganz und gar ihre Weiblichkeit – eine selbstbewusste, eine erfolgreiche Frau, wer weiß? Ihre langen schwarzen Haare und die Sonnenbrille erinnerten mich für einen Moment an die berühmte Stil-Ikone, ich musste lachen: »Frühstück bei Tiffany« in Dortmund.

Eigentlich ist bei uns im Ruhrgebiet die Fashion-Welt nicht zu Hause, auf viele Dinge legt man bei uns, im Gegensatz zu etwa Düsseldorf, auch keinen besonderen Wert. Aber ich habe früh gelernt, der Ästhetik gegenüber die Augen nicht zu verschließen, außerdem mussten einige Semester Kunst schließlich für etwas gut gewesen sein.

Das Studium der Literatur sagte mir später allerdings mehr zu. Meine Affinität zur Literatur, die Liebe zur Poesie hatte ich wohl von meinem Vater vererbt bekommen. Er schrieb bereits als junger Mann in Ankara Gedichte, und in der Fremde blieb er seiner literarischen Neigung treu, trotz der schweren Arbeit »unter Tage«. Für meine Eltern gehörte die Literatur und das Zeitunglesen zum Alltag.

Nein, nein, Akademiker waren sie nicht, aber sie kamen aus der Großstadt und möglicherweise machte das den kleinen, aber feinen Unterschied. Mutter erzählte gerne von alten Zeiten und nicht selten geriet sie ins Schwärmen. Viele ihrer Jugenderinnerungen kannte ich, ich hatte sie häufiger zu hören bekommen: Wie sie frisch verheiratet mit Papa durch den *Gençlik Parkı* spazierte, Konzerte türkischer Kunstmusik besuchte, in der Einkaufsstraße in *Kızılay* flanierte – und irgendwann kam der Satz: In unserer Jugend sah man dort aber keine Frauen mit Kopftuch. Meine Mutter selbst trug nie ein Kopftuch, und wenn doch, dann aus gewichtigem Anlass: ein Moscheebesuch oder wenn die türkische Gemeinde einen Toten zu beklagen hatte. Meine Mutter wurde auch nie gezwungen, ein Kopftuch zu tragen, meine *anneanne* hingegen hatte stets ein Kopftuch in der Öffentlichkeit auf, aber ich glaube, das war mehr von ihr so gewollt. Ich hatte nie das Gefühl, dass mein *dede* großen Wert darauf gelegt hätte. Irgendwie war er anders drauf. Er hatte dreimal die Pilgerfahrt, die *Hac* unternommen, er betete regelmäßig, war ein überzeugter Muslim, und seine Lieblingsmoschee, ich erinnere mich noch gut daran, stand in Bursa, es dürfte die *Ulu Camii* aus dem 14. Jahrhundert gewesen sein. In der Nähe des monumentalen Sakralbaus hatte ich ihn einige Male angetroffen, ich glaube, er hatte sich dort mit Mutter verabredet. Inzwischen gehe ich selbst gelegentlich in diese Moschee, um mein spirituelles Bedürfnis zu stillen. Auf Arabisch beten kann ich bis heute nicht.

Großvater war schon sehr speziell. Er war ein religiöser Mann, aber gegen seinen Atatürk durfte man nichts sagen, das kam bei ihm gar nicht gut an. Opa war ein glühender Anhänger von Mustafa Kemal Pascha. Nach dem Untergang des Osmanischen Reiches waren die Sultane bei ihm unten durch. »Sie haben das Land verraten und verkauft«, wie häufig habe ich ihn diesen Satz sagen hören, wenn er mit Mutter sprach. In Atatürk sah er den neuen Anführer, Reformer und den Aufbruch in eine neue Zeit. Seine Tochter sollte zeitgemäß aufwachsen und kein Kopftuch tragen. Wen wundert es da, dass viele Jahre später sie zuhause die Kanzlerin und Vater eher der Bundespräsident war.

Mutter hatte das Tor zur Fremde aufgestoßen, sie hatte Vater überzeugt, dass die Zukunft, vor allem der Kinder, in *almanya* liege. Mit Mut, Ehrgeiz und Geschick trotzten sie allen Widrigkeiten, Demütigungen und Kränkungen. Mutter hatte viel von Großvater mitbekommen, vor allem den eisernen Willen. Meine Eltern hatten sich in Deutschland nie mit der Opferrolle abgefunden, und das war auch für mich von großem Vorteil.

Natürlich hatte ich als Jugendlicher Höhen und Tiefen durchlaufen und mir dabei meine eigene »Parallelgesellschaft« aufgebaut. Dazu gehörten Typen wie Che Guevara, Frank Zappa und Charles Bukowski. Ich muss heute noch herzhaft lachen und nicht nur darüber. Heinrich, mein Literaturlehrer auf der Penne, der zugleich auch mein Religionslehrer war, staunte nicht schlecht und zuckte förmlich zusammen, wenn ich einen Band von Bukowski mitbrachte und einige Gedichte vorstellte. Für die meisten meiner Mitschüler waren die Zeilen des *dirty old man* zu direkt, zu obszön. Sie schauten aus dem Fenster oder starrten auf den Tisch, sie bissen in die Knifte oder fingen an zu husten oder, oder ... Was soll's, heute ist der Bürgerschreck Kult.

Mir war jedenfalls seit jenen Tagen klar, dass Poesie und Frauen gut zusammenpassen. Immer, wenn ich als Pennäler eine neue Bekanntschaft am Start hatte, ereilte mich die Kreativität. Aber auch, wenn eine Trennung anstand. Das war früher so, und bis heute hat sich daran nichts geändert. Inzwischen ist nur der Fußball dazugekommen. Wobei Prioritäten dabei keine Rolle spielen. Die Liebe zu allen dreien ist gleich, nur anders.

Also gut, ich saß da im Café am Alten Markt in Dortmund und hatte die Bedienung nicht bemerkt. Ich schmunzelte noch in mich hinein, als sie mich fragte:»Möchten Sie noch einen Kaffee?« Etwas irritiert sagte ich, »Ja bitte«, und mir fiel auf, dass sie lächelte. Warum eigentlich? Hatte sie mich beobachtet, hatte sie meine Gedanken lesen können oder lächelte sie, weil sie einen Blick auf die Poesie von Aras Ören geworfen hatte? »Eine Stadt kennen heißt: nicht lassen können von ihr, wie jemand, der in eine aussichtslose Liebe verrannt ist.«

Aras Ören hatte ich auf der Buchmesse in Frankfurt, vor vielen, vielen Jahren, über den Dağyeli Verlag kennengelernt. Yıldırım, der Verleger, stellte mich als den »türkischen Schimanski aus dem Ruhrpott« vor, ich war neu in der deutsch-türkischen Literaturszene. Schließlich saß ich an einem

Abend mit mehreren Autoren gemütlich zusammen beim Griechen, nach einem anstrengenden Buchmessentag. Aras aß gerade mit großem Appetit seine Schweinesülze mit Bratkartoffeln und trank dazu Bier. Bis dato kannte ich keinen Türken, der sich so herzhaft an Schweinesülze erfreuen konnte. Ich hatte zeitweilig Schwierigkeiten, mich auf meine Lammkeule aus dem Backofen zu konzentrieren.

Ich traf Aras später noch einige Male bei verschiedenen literarischen Anlässen, zum Beispiel in Berlin. Ich fand ihn cool, beeindruckend. Ich kaufte in diesen Jahren einige Bücher von ihm, eines seiner schönsten Gedichte ist für mich nach wie vor »Verzeiht mir, Nachbarn«. Aras Ören hatte den Blick und die Sprache, das Leben in der Migration poetisch zu erfassen, das »türkische Märchen« Deutschland näherzubringen, er hatte es drauf. Dabei spielte die türkische Community in Berlin eine große Rolle. Seine Texte war inspirierend. Ich schrieb in den 1980er Jahren, unter anderem, »Unter Arm die Odyssee« und »Das Meer noch immer im Kopf«.

Inzwischen war es mit der Ruhe im Café vorbei. Ich schaute auf und sah mich um. Immer wieder zogen junge Menschen in schwarz-gelben Trikots an mir vorüber. Mal singend und lachend, mal laut sprechend und ausholend gestikulierend. Der BVB hatte ein Heimspiel, und den meisten war die Vorfreude auf das Spiel, damals im Westfalenstadion, anzumerken. Dass auch ich einige Zeit später in schwarzgelber Tracht und Pracht durch München, Berlin, Madrid und London ziehen würde, hatte wohl etwas mit meinem *kismet* zu tun.

Ich erinnere mich: Es waren meine ersten journalistischen Gehversuche, Mitte der 80er beim WDR-Kabelfunk. Eigentlich wollte ich ja ein Dichter von Weltrang werden, mindesten ein Hikmet, Neruda oder Brecht. Daran gab es keinen Zweifel. Nach und nach ging mir meine literarische Naivität verloren, die Realität wie auch die Einsicht holten mich schneller ein, als mir lieb war. Also musste eine andere kreative Aufgabe her. Mein Gott, was tat ich mich schwer bei meinen ersten journalistischen Schritten. All diese Sprüche und Zitate hatte ich vor Augen: »Es ist noch kein Meister vom Himmel gefallen« oder: »Die Wege des Herrn sind unergründlich.« Die Angst, etwas falsch zu machen, war mein ständiger Begleiter. Es haperte gehörig, an allen Ecken und Enden, und dauerte lange, bis bei mir Ruhe, Gelassenheit und Sicherheit einkehrten. Die vielen Jahre als Autor, Reporter und Moderator beim WDR, ZDF und Deutschlandfunk prägten mich, ja, sie machten mich stark. Seither weiß ich und sage es heute meinem Sohn, nicht selten auch anderen jungen Menschen mit Migrationshintergrund: Selbstbewusstsein fällt nicht vom Himmel, es will erarbeitet sein. Und denkt daran: Wunder gibt es nur im Himmel.

Irgendwann führte mich meine journalistische Arbeit zur Borussia, wobei ich mir bereits regelmäßig Spiele des BVB angeschaut hatte. Ein Kollege aus der Sportredaktion versorgte mich immer wieder mit Eintrittskarten und irgendwann übernahm ich seine Dauerkarte. Darüber freute sich vor allem mein langjähriger Kumpel Franz Josef, der jetzt, nach all den Jahren viele BVB-Erinnerungen mit mir teilt. Unvergesslich etwa das Jahr 1997 in München. Unser BVB gegen Juve. Seitdem schmückt ein BVB-Schrein meinen Flur vorm Arbeitszimmer: »Ricken und Kalle machen Juve alle.« Franz-Josef, geborener Dortmunder, hatte mich in den ersten Jahren auf meine BVB-Fantauglichkeit hin überprüft. Er wollte sogar wissen, ob ich mich auch freue, wenn der BVB ein Tor gegen Galatasaray schießt. Der waschechte Dortmunder hat genau hingeschaut, ich weiß es noch. Aber für mich ein Leichtes, als Chapuisat die Bude machte, aufzuspringen und mit ihm gemeinsam zu jubeln. Es war einfach toll. Franz Josef und ich hatten in der Vergangenheit viele BVB-Freuden durchlebt, aber auch zahlreiche schwarz-gelbe Tiefschläge im Bier ertränkt. Die Dortmund-Prüfung bei meinem Fußballkumpel hatte ich jedenfalls bestanden. Und als ich als Dauerkartenbesitzer dann Vorsitzender eines kulturell und sozial engagierten BVB-Fanclubs und Mitglied bei den Schwarz-Gelben wurde, war jeglicher Argwohn beseitigt, die Zweifler für immer beruhigt und von meiner BVB-Treue überzeugt.

Kleine Prüfungen hatte ich immer wieder mal zu bestehen. Ganz so einfach war es nicht, mein Weg hatte es in sich: Vom Türken zum Vorzeigetürken und dann zum Deutschtürken. So was bekommt man nicht in die Wiege gelegt und mir war klar, man muss für seinen Status als Deutschtürke etwas tun. Das letzte Mal im Sommer 2017, bei einer internationalen Fußballbegegnung mit englischer Beteiligung. Die britische Hymne »God Save the Queen« war für mich schon immer ein Ohrwurm. Ich muss wohl die ersten Zeilen gesungen haben, während meine heutige Ex-Freundin und ich gerade die Türschwelle ihrer Eltern überschritten. Die Schwiegermutter in spe – ich mochte sie, sie war eine Zynikerin vor dem Herrn, die ich Genossin Siggi nannte. Leider war sie damals schon schwer von einer unheilbaren Krankheit gezeichnet. War ich mal mit ihr allein, las ich ihr Geschichten vor oder wir schauten gemeinsam »WDR Lokalzeit«, tranken dazu einen Espresso und manchmal einen kräftigen Schluck guten spanischen Cognacs. Und heute, wenn ich die alte Heimat besuche, Zeit habe und daran denke, lege ich ihr eine weiße Rose aufs Grab. Genossin Sigi hörte mich also singen und fragte mich am Kaffeetisch: »Sag mal, kannst du auch die deutsche Hymne?« Die Frage kam unerwartet, war aber als Prüfungsfrage für mich leicht zu beantworten. Was keiner am Tisch wusste – ich hatte als Türkenbub bereits in der Grundschule »Das Lied der Deutschen, geschrieben von Hoffmann von Fallersleben in

Helgoland« auswendig gelernt oder lernen müssen. So genau weiß ich das nicht mehr. »Oh ja«, sagte ich und ergänzte: »Gesungen oder rezitiert?« Ich schaute Bettina an: »Und du, was ist mit dir?« Sie winkte ab, »Ach, ich doch nicht«, stand auf und ging in die Küche, um noch einen Kaffee zu holen. Ich rezitierte derweil ihren Eltern kurz und schmerzlos beide Strophen: »Einigkeit und Recht und Freiheit«. Sie wissen schon, und damit war die Sache durch. Meine Ex hingegen ist erklärte Chinaexpertin, vielleicht hätte ich sie damals nach der chinesischen Hymne fragen sollen? Denn wahrscheinlich lautet ihr Credo heute noch »China first«. Aber wer weiß, jeder Mensch ist fähig, sich weiterzuentwickeln. Als Journalist hatte ich jedenfalls Schwierigkeiten mit dem Kulturrelativismus, den sie an den Tag legte. Nach einem längeren Shanghai-Aufenthalt erzählte ich ihr von einem kritischen Artikel in der »Süddeutschen Zeitung«, und fragte salopp: »Bettina, was machen die Deinen mit Meinen?« Sie wusste sofort, was Sache war, drehte sich leicht um, schaute mich an und sagte ganz trocken, ohne eine Miene zu verziehen: »Ja und, wenn sie es nicht machen, dann machen es andere.«

Der Artikel berichtete vom kulturellen Genozid der KPCh an den Uiguren und anderen muslimischen Minderheiten in Xinjiang. Laut internationalen Menschenrechtsorganisationen seien mehr als eine Million Menschen in Umerziehungslagern inhaftiert. Berichtet wurde aber auch, dass in der autonomen Provinz Xinjiang - die Einheimischen selbst nennen ihre Heimat Ost-Turkistan - systematisch digital überwacht wird. Früher hatte das autoritäre Regime Angst vor modernen Technologien, heute stürzt sich Peking mit Leidenschaft und allen Ressourcen auf die digitale Technik. Der frühere China-Korrespondent der »Süddeutschen Zeitung« brachte es bei einem gemeinsamen Gespräch auf den Punkt: »Die Diktatur in China erfindet sich digital neu und fordert damit uns im Westen heraus.« Noch heute bin ich über Bettinas Antwort verdutzt, aus vielerlei Gründen. Sie sagte nie etwas so leichtfertig daher. Ich wunderte mich. Eigentlich hatte sie zu allem, was ihr wichtig war, eine Haltung; unter dem tat sie es nicht. Lediglich eine Meinung war ihr nicht genug. Besonders, wenn es um China ging.

Ich mache keinen Hehl daraus: Ich trug Bettina, meine Lieblings-Chinasouffleuse, wie ich sie später liebevoll nannte, noch lange nach unserer Trennung im Herzen. Vielleicht hatte man sie nach meiner schweren Operation einfach in einer meiner Herzkammern vergessen. An manchen Tagen kam ich mir vor wie ein *Mecnun*, der über seine eigenen Schnürsenkel stolpert. Ich musste über mich selbst lachen, obwohl die Situation gar nicht zum Lachen war. Ich hatte in meiner neuen Wohnung das Schlafzimmer in Weiß eingerichtet, weil ich hoffte, sie würde irgendwann vorbeikommen, und ich wusste, dass sie die Farbe Weiß sehr mochte. Es war in unserer Übergangstrennungszeit. Was ich allerdings nicht wusste, dass sie so stur und - als Sternzeichen Fisch - so kalt wie ein Fisch sein konnte. In einem ihrer Briefe schrieb sie: »Du, ich bin nicht nachtragend, aber konsequent.« »Ich bin auch nicht nachtragend«, antwortete ich ihr, »aber ich vergesse auch nichts.« Nein, ich sah nie wieder mit ihren langen schwarzen Haaren unter der Decke hervorkriechen. Ich wollte es mir lange Zeit nicht eingestehen, ich war einer Chimäre aufgesessen. Derya, eine türkische Freundin aus dem Ruhrgebiet, sagte: »Nimm diese Frau aus deinem Orchester und setz sie ins Publikum. Da gehört sie hin und nirgendwo anders.«

Derzeit haben Bettina und ich einander zur *persona non grata* erklärt. Warum, und ob das immer so bleiben wird, weiß ich nicht. Am Anfang erschien uns unsere Begegnung wie eine göttliche Fügung, und am Ende war es doch eher ein Griff in die Kloschüssel ... Ich landete auf ihrem Index und sie in meinem literarischen Giftschrank. Unsere gemeinsame Geschichte, die auch erzählt werden will, liegt verstreut auf irgendwelchen Notizblättern, zum Teil zerknüllt im Arbeitszimmer im großen Papierkorb, den ich irgendwann leeren sollte. Den Titel des Buches habe ich bereits, er ist ihre Wortschöpfung: »Der kleine Italiener, der eigentlich ein anderer Türke ist« ... Herrlich, der Titel verspricht Überraschungen! Aber inzwischen liegen zwei, drei *short stories* fertig in der Schreibtischschublade, und immer wieder ist es die eine Protagonistin, die im Mittelpunkt steht, Pardon, stehen muss. Neulich sprang meiner neuen Bekannten Birgit in der Küche fast der Rotwein aus dem Glas, als sie die Zeile las: »Ihre Selbstherrlichkeit wurde nur noch durch ihr Ego übertroffen.« Den ganzen Abend kam meine persönliche Lektorin nicht mehr aus dem Grinsen raus.

Aber ich sollte jetzt wieder zum Fußball und zu meiner Geschichte im Café zurückkehren: Ehrlich gesagt, in Deutschland kann ich mir kein Spiel der *Süper Lig* in voller Länge anschauen. In der Türkei schon, wenn ich zu Besuch bei Verwandten oder Freunden bin. Aber nicht in Deutschland. Es langweilt mich. Obwohl meine Mutter seit ihrer frühen Jugend Gala-Fan ist und mein Papa ein Fener-Anhänger. Na ja, was das bedeutete, kann man sich ja vorstellen. Da kollidierte immer wieder Asien mit Europa. Heute liegen beide friedlich nebeneinander auf dem Friedhof in Ankara. Für mich wäre es eigentlich naheliegend gewesen - um nicht für eine Seite Partei ergreifen zu müssen -, mich in Richtung Beşiktaş zu orientieren, zumal die Fangruppe Çarşı mit ihrem sozialen und politischen Engagement ihre Klasse immer wieder unter Beweis stellt. Aber, die Jungs und Mädels von Beşiktaş werden mir verzeihen, auch ihre Vereinsfarben gaben mir nicht den richtigen Kick. Irgendwie packte es mich nicht. Wenn ich morgens die Augen aufmache, muss ich als erstes sagen können, Scheiße, wir haben verloren, oder geil, war das ein Sieg. Und das noch vor dem ersten Kaffee. Es muss einem schon nahe gehen. Und das geht nur, wenn man sich mit einem Verein identifiziert. Ich kann mir nicht vorstellen, mit einem Gala- oder Fenertrikot herumzulaufen. Das wäre für mich wie türkische Fußballfolklore, wobei ich nichts gegen türkische Folklore habe, ganz im Gegenteil.

Kurz, über meine Arbeit als Rundfunkjournalist entdeckte ich für mich die Stadt, die Liebe zu Borussia inklusive. Vor allem nach und nach für mich das runde Leder als Thema. Herausgekommen sind inzwischen viele Fußballbeiträge mit gesellschaftlicher, kultureller oder politischer Bedeutung, wie etwa »Von der Pfalz zum Bosporus - Fußballtrainer Kalli Feldkamp«, »Der BVB in der NS-Zeit« oder »Kurvenrebellen - Die Ultras. Einblicke in eine widersprüchliche Szene«. Themen, die einem Spaß machen.

Auch die Fußballhymne »You'll never walk alone« ist so ein Thema. Sie ist über alle Vereins- und Ländergrenzen hinweg bekannt. Kein anderer Fußballsong wurde je so populär. Er spricht die Herzen der Fußballfans an, sie zelebrieren ihn weltweit in den Stadien und sorgen für eine unvergessliche Stimmung. Vor über fünfzig Jahren wurde der Song erstmals an der Anfield Road, im Stadion des FC Liverpool gesungen, heute kennt man diesen Song, interpretiert von »Gerry and the Pacemakers« weltweit als die Liverpoolhymne, dabei ist die Geschichte des Liedes viel älter.

In Budapest - im Café New York - schrieb der jüdische Journalist und Schriftsteller Ferenc Molnár 1909 binnen weniger Wochen sein berühmtestes Theaterstück »Liliom«. Das sozialkritische Drama handelt vom Leben und Sterben des Karussellausrufers Liliom, der sich in ein Dienstmädchen verliebt. Die berühmten jüdischen Komponisten Richard Rogers und Oscar Hammerstein vertonten später in den USA gemeinsam das Bühnenstück zu dem Musical »Carousel«. 1945 wurde es am Broadway uraufgeführt. Das Premierenpublikum war begeistert, vor allem von dem Schlusspart »You'll never walk alone«. Viele namhafte amerikanische Künstler, etwa Frank Sinatra und Elvis Presley, nahmen den Song auf. Und irgendwann landete das Lied, das Hoffnung und Mut macht, jenseits des großen Teiches in England, und zu hören bekam es auch der junge britische Musiker Gerry Marsden. Mit seiner Band »The Pacemakers« machte er aus der Ballade einen Beatsong. Das Lied eroberte 1963 schließlich die britischen Charts und wurde später die Vereinshymne der Liverpooler Fans.

Auch ich mag dieses Lied gerne hören, es hat was, es stimmt irgendwie auf das Spiel ein. Es ist schon eine beeindruckende Atmosphäre, wenn über 80 000 in der schwarz-gelben Kathedrale, will sagen im Signal Iduna Park, »You'll never walk alone« intonieren.

Na ja, wenn ich in der Dortmunder Innenstadt in einem Café sitze und wie immer über Poesie, Frauen und Fußball sinniere, fällt mir ewig die Geschichte ein, die ich noch nicht geschrieben habe. Auch die wartet darauf, erzählt zu werden, vielleicht aus dem Munde meines Sohnes, den ich manchmal liebevoll meinen blonden Türken nenne: Mein Vater hatte sich in die Stadt und in den Fußball wie in eine hoffnungslose Liebe verrannt. Er konnte es nicht verhehlen – diese Jahre hatten bei ihm ihre Spuren hinterlassen. Äußerte sich jemand in seiner Nähe allzu voreilig und abfällig über den BVB oder das Dortmunder Bier, konnte er sich als Kleinasiat in seinen Zorn hineinsteigern und zu voller Größe auflaufen.
Ein Lokalpatriot von Einsachtundsechzig...

Unterm Arm die Odyssee
Gedichte

Meine Geduld
ist
so geduldig
dass ich schon denke
ungeduldig
duldest du mich

In Anlehnung an Erich Fried

Düsseldorf nefes alıyor
Uykusuz bir gecenin alacakaranlığında, saat altı!
Ve onun veda parfümünün kokusu burnumun iliklerine sindi.
«Günlerimiz güzel, ama sonsuz değil»
Ne dersin sayılı mı?
«**Hayır güzelliği sayamayız.**»

Kehre gerne zurück
        – und wäre dann
am liebsten wieder weg

I

Hier
Hosen
Hemden
Unterwäsche ...
Da
Pass
Geld
Scheckkarte ...
Es muss reichen
Fünf Wochen
und keine Notlösung

Minutenlang hatte ich
sie nicht gesehen
Ich rief ihren Namen

In der Küche
tropfte
das Kaffeewasser
in den Filter
und im Badezimmer
plätscherte
das Wasser
in die halbgefüllte
Badewanne

... Aus dem marmorgeschliffenen
Löwenkopf
fließt und fließt
ihre Herrscher und
Besitzer überdauert
das süße Wasser
und die Mythen
und die Märchen
sammeln sich
im Becken
– geschlagen aus Marmor ...

Ich zog den
Stöpsel raus und
rief ihren Namen

Im Schlafzimmer
Im Spiegel
stand sie
und nahm sich
eine lange
silberne Strähne
aus ihrem Gesicht

... Es ist die Zeit
zum Aufbruch
doch vorher
noch eine Tasse Kaffee ...

II

Düsseldorf atmet
unausgeschlafen im Morgengrauen
Es ist sechs Uhr
und ihr Abschiedsparfüm
hat sich unter
meiner Nase eingenistet

... »Unsere Tage sind schön, doch nicht von Ewigkeit.«
»Meinst du, dass sie gezählt sind?«   »Nein, Schönheit
kann man nicht zählen.« ...

Wenn verbrauchte Worte
die ersten Tage
aufsuchen
Erwachen verstaubte Geständnisse ...
Umarmt
haben wir
die Jahreszeiten
und keine ausgelassen

Was nehme ich mit
zerknüllt im Koffer
Was lass ich zurück
geordnet im Schrank

III

Die Maschine hat Verspätung
15 Minuten

Mein Nachbar
murmelt
mal Deutsch
mal Türkisch
in der Hand
die Tageszeitung

»Nun geht das wieder los. Platzverteilung: Männer neben Männer, Frauen neben Frauen und dazwischen die Kinder.«

»Die Mühen der Gebirge liegen hinter uns
*Vor uns liegen die Mühen der Ebenen.«**

---

* Aus dem Gedicht »Wahrnehmung« von B. Brecht Ausgewählte Gedichte, Suhrkamp Verlag, Frankfurt a.M. 1964

Er holte tief
Luft und ...

Geboren in Çorum. 30 Jahre alt. Seit Jahren tätig bei Hoesch in Dortmund. Belegt Abendkurse. Will seine Eltern besuchen. Die Eltern sind letztes Jahr für immer heimgekehrt. Wurde auch Zeit. Die Jugend ist an ihnen vorbeigerannt. Hat eine deutsche Freundin. Denkt noch nicht ans Heiraten. Er liebt sie ...

Die Müdigkeit
der Mittagsschicht
drückt noch immer
auf die Schultern
und die Schwielen
an den Händen
werden immer größer
mit den Wünschen

Es dauert nicht
mehr lange und
die allmählich erwachende
Stadt bleibt daheim

IV

Verstrichen sind 22 Jahre
und ich
fliege zum erstenmal
in meine Geburtsstadt
ganz allein

Verstrichen sind 22 Jahre
und ich
öffne meine Augen
verschlafen
im dickgepolsterten Sessel

Nach fünf Monaten Trennung hockte mein Vater vor mir.
Unter den - und über den Augen war er schwarz,
als hätte er Lidschatten aufgetragen. Er lächelte
und lächelte ... Mutter stand daneben.

In der Nacht
schneite es und
schneite die Nacht
fast ganz zu
So
betrat ich Deutschland
mit Schuhgröße 24

V

Reste meiner
vergilbten Bilder
im Kopf
kleben ungeordnet
und kitschig
in Familienalben

...Das Haus war aus Felsgestein gebaut, und davor und dahinter lag der riesige Obst- und Gemüsegarten. Großmutter mit ihren leuchtenden blauen Augen und den blonden Haaren stand am Pfirsichbaum und schimpfte. Ich hatte wieder einmal unreife Früchte gepflückt. Aber sie schimpfte, auch wenn die Früchte schon reif waren. Irgendwie war sie geizig. Sie sagte:»Du großer Kurde, kannst du nicht auf den Kleinen aufpassen, während ich arbeite.« Opa verzog keine Miene und sagte lakonisch:»Laz, lass uns in Ruhe.« Der hochgewachsene alte Mann mit dem langen weißen Bart nahm mich auf seine Schulter. Dabei konnte ich über den hohen Zaun schauen, die sonst unerreichbaren Äste berühren und die Wolken beiseite schieben, um nach Deutschland zu blicken...

VI

In Gedanken
Stationen der Erinnerung
Mein Schmunzeln
öffnet sich
hinter nie gezogenen Gardinen

... Er vergaß nie die Gebete einzuhalten, doch die Arbeit blieb nie liegen. Er reiste viel, aber nur einmal kam er in den Westen. Mit dem Bus erreichte er Deutschland. Viele Jahre später, nach dem Tod meiner Großmutter. Damals habe ich es nicht verstanden, aber heute... Als Mutter ihn fragte: »Vater, wie war denn die Reise?« »Die Reise«, antwortete er, »ach die Reise ist gut verlaufen, aber wenn ich mir überlege, Tochter, das ganze Land hat uns gehört.«

... Dieser hochgewachsene alte Mann mit dem langen weißen Bart und der Baskenmütze. In ihm lebte die Wildheit der gespannten Bögen und der ungezähmten Wörter... Als er einmal das Haus verließ und für mehrere Stunden verschwunden war...
Wir Kinder mussten ihn suchen und die Mutter wollte schon die Polizei benachrichtigen. Plötzlich tauchte er auf, so, als sei nichts geschehen und wunderte sich über unsere Aufregung.

Als er weit von zu Hause entfernt war, legte er eine Verschnaufpause ein, am Rande der Landstraße. Unerwartet hielt ein Mercedes an und nahm ihn mit. Opa war immer noch der Alte, angstlos und mit ungebändigter Kraft zum Alleingang. Der Fahrer war ein deutscher Bauer. Opa war begeistert von seinem Haus, von den Maschinen, von den Traktoren und von der Bestallung. Doch, als der Bauer ihm die Ferkel zeigte, machte Opa unmissverständlich seine Ablehnung deutlich. Er war für den Fortschritt, aber mit Schweinen wollte er nichts zu tun haben. Später zog er unsere Adresse aus seiner Jackentasche und der Bauer brachte ihn bis vor unsere Haustür. Er war fasziniert. Er liebte die Deutschen, schon vorher. Er sagte: »Diese Menschen sterben nie.« Er aber starb einige Jahre später, friedlich in seinem großen Messingbett... Er liebte die Deutschen.

VII

Angora
      Ankara
Mir fremd
doch nah

Aus deinen Armen
bin ich rausgewachsen
Gleich hast du
mich wieder
und ich
werde dich begrüßen
Zwischen uns
lebt
offen und verborgen
mehr als nur
ein Leben
Gleich hast du
mich wieder
und ich
werde dich begrüßen
                mit osmanischer Gelassenheit
                mit preußischer Disziplin
wie beim letzten Mal

Angora
      Ankara
Mir fremd
doch nah

VIII

Kızılay:
habe das
Frage- und Antwortspiel
und die Küsserei satt
und warte
in einem Lokal
Habe ebenfalls
das Nurnachschauen
nach schönen Frauen
mit den schwarzen Haaren satt
und warte
einige Gedichte
in meiner Tasche
Früh fällt
die Dunkelheit
durch eiserne Gitterstäbe
Früh erstreckt
der Morgen
sich durchs Fenster

Die Tage schweigen
und schweigen immer
mehr und die
Schritte werden kleiner
und immer ruhiger

Aus dem Schlaf
gerissen
saugt die Nacht
die Schreie
das Stöhnen
mit ihrer Tiefe

Gleich holen
sie dich
oder mich
aus der grauen Zelle

Früh fällt
die Dunkelheit
durch eiserne Gitterstäbe
Früh erstreckt
der Morgen
sich durchs Fenster

IX

Warum verfiel
ich in diese Zeilen
Warum schwieg
ich es aus
versteckt
im kleinen Notizheft

... Die Schatten werden Schatten von gestern sein
und die Hoffnung wird zur Gegenwart ...

Es ist 25 Grad
und der Himmel
ungeteilt

Ankara lächelt
verstaubt und müde

... Es ist die Zeit
zum Aufbruch
doch vorher
noch eine Zigarette ...

Ankara lächelt
verstaubt und müde
und ich ...

Kehre gerne zurück
– und wäre dann
am liebsten wieder weg

Angora
Ankara
Bana yabancı bir o kadarda yakın
Senin kollarında büyüdüm
Yakında yine seninleyim ve yeniden seni selamlayacağım
Aramızda saklı ve açık bir hayat yaşıyor

Yakında yine seninleyim ve yeniden selamlayacağım
Osmanlı'nın serin kanlılığı ve bir Prusyalı disipliniyle
Son görüşmemizdeki gibi,
Angora
Ankara
Bana yabancı ama yakın.

Dir begegnen
still und ergiebig
*w*ie die Erde
tief und in Wellen
*w*ie das *M*eer

Das Fischerdorf

Draußen
hockt der Morgen
wartend
und ich
öffne geduldig
das Fenster
allein
in diesem fremden Zimmer

    ... Vergangen sind Jahre
    und noch immer
    erreicht die Gebirgsstraße
    das Fischerdorf – das Fischerdorf
    ohne Aufschrei
    ohne Aufruhr ...

Keine graue Tür
ist dem Himmel
vorgesetzt und das
Blattgrün dort an
der Mauer verwelkt
nicht im Schatten

... Das Meer treibt
  jede einzelne Welle
  an die Bucht
  ohne Eile
  und der Wind
  und der Wind
  wiegt sich
  in diesen Herbsttagen
  gelassen und still
  in den Pappelzweigen ...

Auf der Veranda
rankender Wein
auf dem Tisch Oliven
Tee und Schafskäse
und in meiner Hand
das Brot
hell und weich

  ... Wenige Ruderschläge entfernt
  von den Fischerbooten
  konntest du grenzenlos
  dir mit Blau
  die Augen füllen
  und das Sonnenlicht
  und das Sonnenlicht
  tropfte und lächelte
  zwischen deinen Fingern ...

In Gedanken
nach einer durchschlafenen Nacht
öffnet sich meine Hand
mehr und mehr
dreieinhalb Flugstunden entfernt

...Zurückgekehrt
bin ich
an den Ort
an den Tag
an dem
Töchter zum Brunnen gehen
Mütter vor den Öfen warten
Väter an den Netzen spinnen
Kinder vor Freude mit Schwalben fliegen...

Still und schweigend
erhebt sich noch einmal
die Burg
mit ihrem Restgemäuer

und eine Wolke
die sich
wohl verirrt hat
wirft ihren Schatten
auf eine leere Sitzbank

...Zurückgekehrt
bin ich
an den Ort
an den Tag
wäre ich
ohne dich
ohne die Trennung
vielleicht nicht
zurückgekehrt...

Morgen werde ich
unter dieser ägäischen Sonne
halbverschlafen und in
müden Träumen
im Bus
nach İzmir sitzen
sitzen und rauchen
mit einigen Arbeitern
und vielen Touristen

...Vergangen sind Jahre
und noch immer
verlässt die Gebirgsstraße
das Fischerdorf – das Fischerdorf
ohne Aufschrei
ohne Aufruhr ...

Es ist nicht leicht
ein *M*ann
mit zwei —n— zu sein

An diesem Junimorgen
– oder vier Kneipennotizen

Als mir
die unbekannte Nachbarin
hinter den Gardinen
bei halbdunklem Licht
ihren bizarren Busen
verriet oder offenbarte
drohten ihre Schatten
voluminös und verlebt
fast auf die
Straße zu fallen

Dabei hinterließ ich
gestern abend noch
zwischen ungelebten Gedichten
auf dem Schreibtisch
für einige Stunden
einige gelebte Notizen

Nun hocke ich
der salzigen Haut
der letzten Nacht
entschlüpft am Frühstückstisch
und entdecke erneut
übernächtigt im Kopf
Schweißbilder schief hängen
... In der letzten
Runde unterlag ich
einem Oberchauvie im
Wortwechsel am Tresen:

                flüssig entglitt ich in Nebensätzen
                trocken konterte er in Hauptsätzen

Und seine Rothaarige
entsprungen einem Reklamespot
aus unserem Provinzprogramm
verteilte gefärbte Blicke
gelangweilt neben uns
auch ihre Freundin
angelehnt am Tresen
– an einen Body
der ab und
zu das Küssen
mit Biertrinken verwechselte ...

Es klingelt – während
hektische Stimmen gewohnt
von der Einkaufsstraße
unaufhörlich über das
Brot stolpern und
im Kaffee verweilen
fließt die Morgenluft
frisch durch den
Spalt der Küchentür

Und es klingelt
– der Postbote oder
die bekannte Nachbarin
oder an diesem Junimorgen bleibt mir
wieder nichts erspart ...

Aufstützend
mal auf dem linken
mal auf dem rechten
Bein
kokettiert Er
wieder einmal
mit seinen Schwächen
um nicht zu sagen:
Er ist
wieder einmal
Herr der Lage

Den Kopf
voller Theorien
sucht Er
zwischen leeren Gläsern
und schwerem Zigarettendunst
nach einem Aschenbecher
um sich glühend
auszudrücken

        Es gibt Männer
        die
        vor jedem »Disponiergang«
        zwei große Murmeln
        in ihre Hosentaschen
        legen
        in der Hoffnung
        nicht nur sichtbar
        auch hörbar zu sein

Gegerbt
von der Alkoholsonne
stand Er
zwischen Pommes- und Pissoirgestank
bei seinem Bier
an der Theke
Für einen Moment
schloss Er die Augen
Schwieg
Schwankte
und öffnete
im Dekolleté
der Wirtin
die Augen

I

Der Geknechtete ist
nicht selten ein
besserer Knechter im
Besitz der Peitsche

Unweit vom Kamener Kreuz

I

Der Himmel stürzt
oder beugt sich
unendlich und frei
von enteilenden Wolken
ruht sich aus
leicht und fast
ungebrochen vom Staub
die verspielte Sonne
auch
auf meinen Händen

Strecke Oberkörper und
Hals und entdecke
in den Augen
das Kind
Im verschmierten Rückspiegel
dieser späte Nachmittag
– ein erstklassiger Sommer
und das Kind
steht am Steg
steht und lächelt
vorbeifahrende Schiffe an

Flechte zögernd aus
dem Gedächtnis verlorene
Erinnerungen unwissend zusammen
für einige Kilometer
ein Traum ungelebt
einige Kilometer kurz

II

Klein und leer
wirft mein Teeglas
seinen Schatten stumm
auf den Tisch

Zwischen Zeigefinger und
Mittelfinger qualmt meine
Bafra im Wind

Und immer schneller
verrinnt die Zeit
dann
wenn ich so
sitze in Cafés
unerwartet in Bebek

Ein Segelschiff geht
etwas ermüdet von
den Marmara Winden
stolz vor Anker

Ein Melonenverkäufer brüllt
und flucht unmissverständlich
das Auto qualmt
nach zwanzig Lastjahren
in der Hitze

und während am
Ecktisch sich Liebende
Umarmungen zuflüstern
hockt auf dem
Bug eines Fischerkahns
gelassen eine Möwe
unerschrocken im Schnabel
ein altes Märchen

III

Vor langer
langer Zeit
lebte ein Mann
Sein Reichtum war unzählbar
Seine Gefolgschaft war unzählbar
Sein Reich war unermesslich und schön
und doch
konnte ihm keiner helfen
In seiner Not bat er
jeden Mediziner und
Wissenschaftler um Hilfe
Doch keine Medizin
schon gar nicht tröstende Worte
konnten sein Leid lindern helfen
nicht einmal seine Anwälte konnten ihn
vor der bevorstehenden Schande bewahren
Seine Trauer wuchs und wuchs
Von Jahr zu Jahr
Von Monat zu Monat
Von Tag zu Tag
immer schneller
verlor er seinen Bart

Was sollte nun geschehen
Was sollte er tun
»Vielleicht kann ich ja weiter regieren
auch nur mit einem Barthaar«
dachte er
für einen Augenblick
als er
auf seinem unbefleckten Diwan lag
Aber
in dieser kaiserlichen Sommernacht
verlor er
nun auch seine letzte Hoffnung
Das Wichtigste und das Wertvollste
war doch für ihn
nach Gott und seinem Propheten
sein Bart
und nun
lag das letzte Barthaar
in seiner linken Hand
teurer als ein Diamant
Was sollte nun geschehen
Was sollte er tun
Sollte er hier morgen aufwachen
würden ihn
nicht einmal
die engsten Vertrauten mehr achten
und ihre Blicke
würden ihn entwürdigen
Vor allem sein Volk
das ihn bislang liebte und verehrte
würde ihn verspotten und verjagen

Um dieser Qual und Schande zu entgehen
packte er
alles an Hab und Gut
das nur er
zu tragen vermochte
Vor allem sein letztes Barthaar
legte er
liebevoll in sein buntbesticktes Taschentuch
das nach Lavendel und Rosenöl roch
Auf leisen Sohlen
schlich er sich
aus dem Ort
aus der Gegend
aus der Zeit
und niemand
hat ihn seitdem je wiedergesehen

Trotz Trauer regierte fortan
ein anderer Mann
Dessen Bart war nicht so schön und prächtig
wie der des ersten Mannes
doch dafür drohte er ihm
in der nächsten Zeit
nicht auszufallen
So vergingen Tage
Monate und Jahre
und das Volk
gewöhnte sich
allmählich
und immer besser
an den neuen Mann

Warum auch nicht
Warum sollte man auch immer
der Vergangenheit nachtrauern
zu weinen gibt es genug
auch in der Gegenwart
und außerdem
sind doch
bis auf ein Barthaar
alle anderen Barthaare
von verschiedenen Winden
weit
weit
in alle Himmelsrichtungen
sogar bis ins Abendland
verweht und verstreut worden
Doch einige
die es nicht wahrhaben wollen
suchen heute noch
nach Spuren
des ersten Mannes
um diese Geschichte
neu erzählen zu können
mit ihren alten Fahnen
über ihre Grenzen

IV

Das tiefe Geräusch
eines vorbeifahrenden Dampfers
zerstreut unverdeckte Blicke
vom erstickenden Bosporus
bis ins überdauerte Dickicht
der engen Gassen
der verzweigten Bauten
der Handwerker
formt
in dämmernder Werkstatt
das Eisen
das Sonnenlicht
wirft
seit Jahrhunderten
immer längere Schatten
auf die vernarbten Kopfsteinpflaster
und vereinzelte Knospen
aus der Zeit
treiben
in die Zeit

V

Endlich ist es
an der Zeit
Zeit einzusetzen
Versäumnisse und Verluste
zu überwinden
und Hoffnungen
aneinander zu reihen
um
aus einem Bild
herauszutreten
Noch
droht in dieser
Sekunde die Trennung
zu stolpern

... Habe seit langem
von dir
nichts gehört
nichts gesehen

Habe erneut die
verkehrte Ausfahrt genommen
und stehe nun
vor deinem Haus

Platanen und Birken
verdecken und verstecken
unverändert deine Fenster
Wenn du mich fragst
heute
werde ich
mich nicht verändern
mit mir
auch nicht
die Dinge
um mich herum
– Türe und Fenster geschlossen
werde ich
auf dem Tisch
meinen ungelebten Traum
im zerknitterten Papier
glattziehen
Satz für Satz
in meinem unvermeidbaren Schnäuzer
den vermeidbaren Bierschaum
probieren ...

Es ist 18 Uhr
– noch gibt die Sonne
ihr Bestes

*W*orte auf den Lippen
ohne Keim
sind farblose Ausrufe
Dämonen
auf dem *M*eere ohne Ufer

Zwei Fragmente und ein nie abgeschlossener Brief

I

Die Vormittagssonne schmeichelt
durch das gardinenlose
Fenster und teilt
unverbraucht das Zimmer
– Hell und Dunkel

Die Anfangsspuren
der letzten Nacht
liegen auf dem
hellbraunen Teppich
zerknüllt
in der Ecke

Zwei billige
Reproduktionen lächeln
klassisch-modern
von der weißen Wand

Und während
die zeitlose Yuccapflanze
um neue Blätter ringt
atmet ihr Körper
sanft
Ein und Aus
die Stille
in meinen Ohren

Ausgestreckt
die verschlafenen Glieder
ziehe ich
in diesem Messingbett
die Decke
über meine Lippen
über meine Augenbrauen

Geräuschlos
kleide ich mich an
und verlasse
– die letzten Stunden
ungewaschen im Gesicht
die Wohnung
auf Zehenspitzen
um zurückzukehren
zu dem Morgenkuss
warm
an ihrem Rücken ...

II

Der Kalender lebt
die restlichen Sommertage
im Monat August
und an den Zweigen
der vereinzelten Bäume
unserer kleinen Innenstadt
atmen die Blätter schwer

Meine Kleidung klebt
am Körper und draußen
schäumen die Cafés
und die Kneipen über

Seit meinem erneuten Einzug
in dieses Arbeitszimmer
wiederholt das Fenster
unverändert das gleiche Bild:
Ein Dach
      zwei Schornsteine
           und eine Antenne
– Das Domizil wilder Tauben

Bäckereien und Fleischereien
Schneidereien und Schustereien ...
dieser Stadt
kenne ich
vor allem
die Kneipen
die
habe ich selten ausgelassen
Nein
manchmal lebe ich in ihr
und in den letzten Tagen
zu häufig

Schluss
Schluss

Die letzte Nacht
geordnet
wuchern
im Papierkorb
wild die Notizen
und ich
taste mich vor
an die Erinnerung
Angespitzt meinen Bleistift
löse ich
eine Fahrkarte
die Odyssee
unterm Arm

III

Çekirge:
Das Leben brodelt und
der asphaltierte Platz
droht aufzuweichen
in der Hitze

Seit Wochen hat es
nicht geregnet
und der Hamam
zwischen den Baracken
dort in der Mulde
verspricht immer noch
den Kranken und den Alten
Heil und Wunder

Vorbei an den
gelebten und ungelebten
Stimmen und Geschäften
führt mein Weg
in Richtung Offiziershospital

Wenige Flügelschläge
davon entfernt
liegt
unter diesem üppigen
und ausschweifenden Blau
der Teegarten
den ich aufsuche
mehrmals
in einem Jahr

Von hier aus
wiegt sich die
Stadt in der Ebene
Von hier aus
rühre ich
in meinem kleinen Teeglas
meine laute
meine schweigsame
Zeit

Wenige
der Tische sind belebt
Wenige
der gesprochenen Sätze
verstehe ich nicht
Ach
wöge
ein Wort ein Gramm
so hätten
meine Taschen
mit Sicherheit weniger
als zwei Kilo
Türkisch zu tragen

Mit dieser Leichtigkeit
oder Schwere
lebe ich
ohne zu hadern
neuerdings
Wenige
der Tische sind belebt
Wenige
der gesprochenen Sätze
verstehe ich nicht

... »Hast du sie gesehen?« »Ja, vor drei Tagen.« »Hast du ihr auch den Brief gegeben?« »Sicher, und hier ist noch ein Brief von ihr. Sie erwartet dich übermorgen an der selben Stelle um dieselbe Uhrzeit, wie neulich, du weißt schon. Du allerdings sollst vorsichtig sein. Du kennst ja auch all das Gerede, das entstehen könnte.«

»Ja, ich weiß wie so etwas sich rumsprechen kann. Gottlob, bald ist alles vorbei, dann werde ich mit ihrem Vater sprechen und um ihre Hand anhalten.« »Stimmt, du hast ja nur noch zwei Monate und dann ist die Zeit des Marschierens, des Buckelns und des Fluchens vorbei, aber hoffentlich gibt ihr Vater seine Zustimmung. Und wenn nicht?« ...

Zwei Monate
was sind schon
zwei Monate
für die drei Alten
drüben
im Schatten der Platane
Die Reinheit des
Morgengebets in den Bärten
reden und reden
sie
über die Geschichte
als sei es ihre eigene

Mein Schatten hier
ist heute deutlicher
und ich verspüre
im Nacken nicht
einmal ein Stirnrunzeln

Und in diesem Augenblick
könnte
außerhalb der Wirklichkeiten
mein Freund Haluk erscheinen
ganz zufällig
Er misst nur ein Meter und sechzig
aber sein Humor ist unermesslich
Wie ich ihn kennenlernte
Es waren die Stunden
damals
vor den Stunden
In İstanbul
unweit
von der Technischen Hochschule
saß er
in einem Café
mit zwei Kommilitoninnen
und einem Kommilitonen

... Der Widerspruch zwischen Arbeit und Kapital wird größer. Die Inflation galoppiert. Die Löhne sind eingefroren. Die Preise steigen. Von Tag zu Tag wird größer das Heer der Arbeitslosen ...

Sie waren um Jahre weiter
Sie standen vor den Toren
der Freiheit und wollten
schon am nächsten Tag
im Namen Marx' und Willen Lenins
auf dem Platz
ihrer Toten
die Revolution ausrufen

Sie waren um Jahre weiter
Mein politisches Kochbuch
versuchte es
gerade mit der Aufklärung
Während ich
mir erlaubte
bestimmte Dinge zu entmythologisieren
zupften sich die Arbeitslosen
vor Verzweiflung und Langeweile
an ihren Bärten
und diejenigen
die Arbeit hatten
malten sich
in ihren Köpfen
Bilder der Hoffnung
mit ölverschmierten Händen

Heute
bin ich
vielleicht weiter
Und
was ist geblieben
Ach
was hat sich verändert
Damals
haben sie mich ausgelacht

... Ich schreibe dir ... zum erstenmal ... ... In dir haben die Sechziger überlebt. Naja, du hast etwas Bauch angesetzt und deine Schritte sind kürzer geworden, aber dafür sicherer. Du hast die Jahre umarmt und die Jahre haben dein Leben eingerichtet. Doch deine Worte sind geblieben ... Deine Worte kannst du heute immer noch zu Fäusten schmieden, schmieden und marschieren.

...Deine Widersprüche verkaufst du nicht als gelungene Dialektik. Du trinkst das Bier und den Wein immer noch pur... Wie es mir geht? Gut! Aber klagen will ich nicht...

Die Bilder leben
und leben weiter
unverzerrt vor meinen Augen
Doch mein Freund
Haluk erscheint nicht
ganz zufällig
außerhalb der Wirklichkeiten

Bevor ich meinen Bleistift
stumpf auf meinen Schreibtisch lege
die benutzte Fahrkarte
in den Papierkorb werfe
und unterm Arm
die Odyssee
vorerst aufbewahre
haben es sich
drüben am Ausgang
zwei Europäerinnen
und ein Europäer gemütlich gemacht

Während der junge
Kellner höflich die
Bestellung entgegennimmt
ruht sein Blick
an der Brust
der einen Europäerin
so
als wäre sie eine Skulptur
die das Osmanische Reich
prachtvoll überlebt hat
und sich nun geschmeidig
und lebendig vor
seinen Augen öffnet

Der Tag drängt
sich immer mehr
zur Mitte hin
und ich
wollte doch zurückkehren
zu dem Morgenkuss
warm
an ihrem Rücken

I

In der Unendlichkeit
der endlichen Wellen
ist unsere Sprache
das letzte Aufbäumen
im Labyrinth
lebender Einzelworte

Das Meer noch immer im Kopf
Poem

Es war zu einer Zeit, in der das Volk wieder einmal zu bestimmen hatte.

Unser Ministerpräsident, ein braver Familienvater, ein sehr volkstümlicher und volksverbundener Politiker, dem allerdings das ausdauernde Denken Schwierigkeiten bereitete, wollte wiedergewählt werden.

Nicht, dass seine Gegner ihn missachteten oder nicht ernst nahmen. Nein, nein, für seine bodenständigen Geistesblitze war er berühmt und gefürchtet.

Um sein Charisma wieder einmal zu beweisen, ordnete er an, alle in der Kreisstadt umliegenden Müllhalden aufzusuchen, und den Müll in die sichtbare Nähe des Platzes zu bringen, nämlich dorthin, wo er seine letzte öffentliche Rede halten sollte.

So geschah es auch.

Das Volk stand dichtgedrängt auf dem Platz; und als er das Rednerpult betrat, jubelte, applaudierte ihm die Menge, bis er seine Hand erhob.

»Wer behauptet, dass in unserem Land Armut herrscht? Wer behauptet, dass in unserem Land gehungert wird? Schaut euch um! So schaut euch doch um! Woher dann die ganzen Müllberge?«

Das Volk schaute sich um und sah die Scheiße. Erstaunt begann es zu jubeln, zu applaudieren, und unter dem Gestank schwenkte es Hüte, Transparente und alles, was es noch zu schwenken gab.

Das Gekreische soll an dem Tag und an den folgenden Tagen kein Ende gefunden haben, bis er endlich als Sieger im Fernsehen zu sehen war und seine Hand erhob.

I

**Ich wachte auf
und war nicht
*v*erwandelt**

I

Freitag
ein Tag
wie jeder andere
Stunden über Stunden
voller Sonne
und sonniger Widersprüche

So ist nun mal
die Zeit
unsere Zeit
vorher
nachher
in diesem Land
in dieser Stadt... Wir wachsen
und wachsen im Verwelken
unzähliger Tage

II

Dieser Freitag
war unser letzter
Gemeinsam im Eckcafé
nach der Schule

Laute und leise Geschäfte
in Geschäften
in Straßen
eilige Stimmen
vertraute
verbrauchte
unbekannte und bekannte Gerüche
das Fluchen
der Fahrgäste
in überfüllten Bussen
das arrogante
Warten einiger Taxifahrer
der Gestank
zwischen den Betonwänden
nicht auszuhalten
wenn der Wind
diese Stadt verlässt
für einige Monate

III

Es war 12 Uhr
Drei Jahre waren vergangen
und wir
hatten wie immer Lust
nach einigen Gläsern Tee

Vergangen waren drei Jahre
Reproduktion

       Wie groß war der Speer des Fürsten ...
       im Krieg gegen die Feinde, die in der Über-
       macht waren? Wie war sein Bogen gespannt?
       Welche Frau schenkte ihm den ersten Sohn?

Geschichte
und Geschichten
Welche Frau schenkte ihm den
ersten Sohn?
aus verstaubten Büchern
gestapelt in Regalen
Gesammelt aus Jahrhunderten
tonnenschwer
vergilbte
Perspektiven ... und dazwischen
gelegentlich Freiräume
so groß und so breit
wie eine Zelle

Wir
haben es mitgemacht
Wir
haben uns auch gewehrt
und es geschafft
wenn auch mit Tritten
und Faustschlägen
in Pausen
und im Unterricht

IV

Aktionen... Flugblätter... Aufmärsche... Schüler-
vollversammlungen und die ewigen Keilereien...
Irgendwie war es doch immer das gleiche.
Was hätte sich auch ändern sollen?
Außer wir änderten uns selbst und...
Gut, wir waren eine rote Insel
im »Schwarzen Meer«, aber eine
rote Flagge haben wir nie hissen können,
die Richtungskämpfe waren schon immer hart.

Wäre die Schulzeit nicht beendet, alles würde beim alten
bleiben, vielleicht auch nach Jahren, es sei denn,
wir würden es wirklich verändern – und uns selbst...

»Unser Traum ist wie ein bittersüßes Lied,
geboren aus dem Herzen Anatoliens.
Mit jeder Strophe nähern wir uns einen
Schritt mehr dem Morgenrot; das Morgenrot
braucht uns und wir es um so mehr.«

Diese Sätze, ich werde sie wohl nie vergessen.
Das konnte er wirklich, reden, unser Oktay, der Sprecher der »Revolutionären Jugend«. Mein Gott, drei Jahre ist es schon her, genau, in diesem Café lernte ich ihn kennen... In den Tagen starb mein Großvater, und wir zogen in sein Haus ein... Wie ich so dastand mit der Waffe in der Hand? Ich hatte sie gefunden, seine Waffe, hinter dem alten Schrank im Schlafzimmer, wenn mich einer gesehen hätte, wie ich so dastand...

V

Wir saßen
saßen am Tisch
und schwiegen uns aus
Oktay
wollte ins Ausland
dort studieren
wollte auch Semra
Melih unentschlossen
und ich ... Ich
trank den letzten Schluck
aus dem kleinen Teeglas
Semra
strich sich durch ihr Haar
Melih
schaute auf die Uhr
und bestellte noch eine Runde
Oktay
zog aus seiner Tasche
zerknüllt einige Blätter
undeutlich vollgeschrieben

Überrascht hatte er
uns schon häufig
auch diesmal sagte er:
»Unsere Zeit ist auch die Zeit der Literatur«

Unter seinem breiten
Schnäuzer fielen die
ersten Worte und
zerfielen unbekümmert zu
einem Märchen lautlos

VI

Es war einmal ein Esel
Nein
Es waren einmal zwei Esel
Nein
    Nein
Es waren einmal drei Esel

Drei Esel hatten einen schweren
einen anstrengenden Weg hinter sich gebracht
und standen müde
doch schön voneinander getrennt
im Stall
und kauten sorglos
die Ohren angelehnt
an dem frischen Gras

Als der erste gesättigt war
fragte er den zweiten:
Woher kommst du
Ich
antwortete der zweite gelassen
Ich komme aus dem Alevidorf
Aus dem Alevidorf
sagte der erste
und verzog dabei sein Gesicht
Was verziehst du deine Fresse
Du glaubst wohl etwas Besseres zu sein
Woher bist du denn

Der erste hob seinen Kopf
und verkündete stolz:
Natürlich aus dem Sunnidorf
Was heißt hier natürlich
und dann noch so arrogant
schrie der zweite
Du
blök mich nicht so an
wie ein Schaf
erwiderte der erste
Du
du Esel
willst mich wohl beleidigen
schrie der zweite nun noch lauter

Aus dem Disput entwickelte sich ein
höllischer Eselsstreit
Es dauerte eine Stunde oder mehr
bis sich die Gemüter wieder beruhigten
und inzwischen hatte der dritte
ausführlich gefressen
den beiden aufmerksam zugehört
aber es nicht gewagt sein Maul zu öffnen
Da drehten plötzlich
die ersten beiden
ihre Köpfe zur Seite
und musterten den dritten

Sag mal
du hast die ganze Zeit geschwiegen
woher kommst du eigentlich
fragte der erste
Der dritte war überrascht
schluckte
schluckte und stotterte:
Ich weiß nicht
Das glauben wir dir nicht
sagte zuerst der zweite
und der erste wiederholte es
Aber der dritte sagte nichts
Er schwieg
Der erste zwinkerte dem zweiten zu
worauf der zweite
mit den Ohren wackelte
und das Wort ergriff:
Du willst uns wohl für dumm verkaufen
Wir wissen schon
woher du kommst
Du bist aus dem Yezidendorf
Stimmt's
Ja
   Ja
das kann schon stimmen
stotterte wieder der dritte

Kaum hatte er das ausgesprochen
da wollten sich die beiden
auf ihn stürzen
Wären da nicht
die Stricke gewesen
mein lieber Esel
die hätten ihn glatt
mit ihren Hufen
in den Eselshimmel geschickt

Der wilde Streit
hielt die ganze Nacht an
Obwohl die ersten beiden
sich verbrüdert hatten
traute doch der eine
dem anderen nicht
ganz über den Weg
und so kam es
dass alle drei
angespannt
bis zum Tagesanbruch
wachten

Ihre Herren hingegen
speisten
        tranken
                spielten Tavla
und gingen frühzeitig zu Bett
Nur ab und zu
musste jemand
die Esel im Stall
zur Ruhe mahnen

VII

Unsere Gesichter
öffneten sich wieder

Es war 14 Uhr
und der Abschied
wie immer kurz
In einem Lied
über Rosen und Liebe
erwachte in zig Bruchstücken
auf meinen Lippen
aus den Ruinen
das Osmanische Reich
wieder zu neuem Glanz
bis ich
die Haltestelle erreichte
und meine Lippen schloss

VIII

Samstag
Meine Mutter stand
am Gemüsebeet und
rief meinen Namen

IX

... Felsen an Felsen
rückte das Gebirge
gleich einer Mondlandschaft
an die Grenzen
unserer reifenden Stadt

Felsbrocken
abgetragen
Steine
geschlagen
Stück für Stück
zusammengetragen
stand das Haus
in wenigen Monaten
inmitten von Obstbäumen
Wein und Gemüse

Er konnte weder
lesen noch schreiben
aber seine Hände
meißelten so
als wären sie schon immer
die Hände eines Steinmetzes

Den Krieg verloren
überlebte er
Sieger im Befreiungskrieg
erreichte er ...
Irgendwie glich das Haus
einer zu klein geratenen Festung

X

Meine Mutter stand
im Gemüsebeet und
rief meinen Namen ... Ich
ging zum Brunnen
und holte Wasser
das Wasser hatte
an Süße verloren

XI

... Einer Mondlandschaft gleicht die Gegend
dieser Stadt... Bevor die Amerikaner
millionenschwere Raketen in das Weltall jagten,
bevor einer von ihnen den ersten Fußabdruck
auf der Mondoberfläche hinterließ, landeten
sie, viel früher schon und ganz in Zivil,
hier bei uns... Schon aus der Ferne konnte
man sie sehen... Und all die geschminkten
Ziegen mit Stöckelschuhen und all die Ziegen-
böcke mit frischrasierten Gesichtern warteten
schon sehnsüchtig und verheißungsvoll auf
die neue Welt... Der Empfang war kostspielig,
und wie es sich in dieser Tierwelt geziemt,
richtig animalisch.

Jetzt sind sie da, jetzt sind sie überall...
Mit ihren Antennen brachten sie uns nicht nur
ihre Vollbusigen (die wir natürlich begehren –
Gelächter) bis in die entlegensten Dörfer,
in denen der Holzpflug, geführt von Frauen-
hand, noch den Pulsschlag der Erde spürt...
Ist das nicht schön, die Gesichter
der Vollbusigen sind genauso braun,
wie die der Frauen auf den rissigen Feldern...
                (*Auszug aus einer Rede Oktays*)

XII

Schon häufig stürzten
meine Gedanken in
diesen Brunnen tief
und plätscherten müde
uus der Stille heraus ... Gestern nacht
verlor ich meine Ruhe

Was war mit meinem Schlaf
Bilder
verbraucht
Bilder
unverbraucht
drängten sich zwischen meine Wimpern

Semra
diese Semra
einmalig
einmalig wird das bleiben
sagte sie
und ich ... Der Nachmittag
War gelungen und das Eis
klebte noch immer an meinem Schnäuzer
als wir zu ihr gingen

XIII

Aufgestützt
auf Ellenbogen
Tischlänge verkürzen
im Wechselspiel
der Mimik
        fließen
                fließen
                        austrinken
und geteilt
nachschütten
austrinken

Warum nicht wachsen
mal wachsen unterm Mond
wenn er ausgereift
seine Schatten wirft
und ihr
gelöstes Haar
lang
in meinen Händen
liegt

XIV

Ich wusste
sie wird ins Ausland gehen
und ihr Vater
würde mir nie
sein Jawort geben

XV

… Früh hatte mein Großvater seinen Vater verloren, er kam mit seiner Mutter aus dem Osten in den Westen der Türkei … Monate und Jahre zogen ins Land und irgendwann, irgendwie hatte er Arbeit in einem Dorf, etwa 40 km entfernt von Ankara. Was da mit ihm geschah, was da genau mit ihm passierte, kann man nur ahnen …
Vielleicht sah er meine Großmutter am Dorfbrunnen und war gleich hin- und hergerissen …
Ohne Zweifel, auch sie hatte ihn entdeckt.
Die Eltern meiner Großmutter waren verstorben. Erst nach dem Tod ihrer Eltern kam sie mit ihren zwölf Geschwistern von der Schwarzmeerregion in dieses Dorf … Die Bitte der Mutter meines Großvaters um die Hand meiner Großmutter wurde dankend abgelehnt.
Einen Kurden wollten die älteren Brüder meiner Großmutter nicht in der Familie haben …
Doch dieses Nein brachte meinen Großvater nicht aus der Ruhe; er ließ sich nicht beirren und ging seinen Weg…

Es muss wohl eine laue Frühjahrsnacht gewesen sein … Er sattelte sein Pferd, nahm die Waffe in die Hand und ritt in das Dorf. Als die Tür geöffnet wurde, machte er ohne große Worte und mit klarem Ziel im Kopf seine Schritte … Die Sprache seiner Waffe war eindeutig … Großmutter packte gleich mit einem Lächeln im Gesicht einige Sachen zusammen …
Und so ritten die beiden über die Steppe, über die Felder und durch die blühende Nacht …
bis der Morgen sie erreichte …

XVI

Im Gesicht
spürte ich
weich ihr Lachen
mehr ihren Körper
unter der Decke

Mag sein
das Schöne
ist immer kurz
und die Liebe ... Na ja
eine Liebe lang
ist man verliebt
dann nimmt schwankend
im eignen Schritt
die Sehnsucht Abschied

XVII

Schon häufig stürzten
meine Gedanken in
diesen Brunnen tief
und plätscherten müde
aus der Stille heraus ... Gestern nacht
verlor ich meine Ruhe
Was waren das für Sätze

Was wollten diese Sätze
die sich nach
und nach aufbauten
und zu einem Traum
erstarrten

XVIII

In Ulus auf dem Platz – dort wo unser Vater
zu Pferd über unsere Nation wacht – stand ein
Mann und schrie. Er stand in der glühenden
Hitze, einen leeren Korb in der Hand und schrie.
Ein Passant trat auf ihn zu, dann der zweite,
dann der dritte ... und dann kam Ahmet.
(Er stammt aus demselben Dorf wie Halil,
und Halil ist ein Freund meines Vaters.)
Ahmet konnte beim besten Willen nichts
entdecken – kurzsichtig, wie er war, verstand
er auch das Geschrei nicht. Er ging weiter.
Nach einer Zeit kam Ahmet
wieder an dieselbe Stelle.
Die Menge hatte sich verlaufen,
und der Mann war nicht mehr zu sehen,
nicht mehr zu hören ...
In Ulus auf dem Platz – dort wo unser Vater
zu Pferd über unsere Nation wacht – stand
ein Mann und schrie.[*]

---

[*] In Anlehnung an Daniil Charms

XIX

Der Samstag wurde
mit jedem Gang
zu einem Brunnen
und ich
zum Wasserträger

XX

Sonntag
Die Schatten der Nacht
hatten sich längst zurückgezogen
keinen der schönen Träume
hatte ich
durch diese lange Nacht
hindurch retten können ... Der späte Morgen
öffnete sich
mehr und mehr
in meinen Augen
die sich verändernde Landschaft
– Umarmungen vorm erneuten Abschied

Meine Haut spannte sich
– mit was für Augen
hätte wohl jetzt
Großvater aus dem Fenster gesehen ... Diese Farben ...
Dieses Spiel ...

Seine Taschenuhr
hing an der Wand
darüber ein vergilbtes Foto ...
Wie alt mochte er da gewesen sein
und wer hatte dieses Foto gemacht ... Gerne
saß ich auf seinem Diwan
und ließ mich erinnern ... Sein Radio funktionierte
noch immer
stand es an seinem Platz
auf der Fensterbank
erklang aus dem Lautsprecher:
»Yine bir gül-nihâl aldı bu gönlümü«

Während dieses Rastlied von Dede Efendi
– ein klassischer Chorgesang –
durch das halboffene Fenster
in den Garten drang
flogen mehrere Tauben
gurrend
dem Blau
weiß
entgegen

XXI

Ich wachte auf
und war nicht
verwandelt
und spürte doch
die Schwere
der Veränderung

XXII

... Der Muezzin hatte die Gläubigen zum Gebet
gerufen, die ersten bereiteten sich auf die Früh-
schicht vor ...   Das Geschrei zerriss
die Morgendämmerung ... Aufmachen,
Aufmachen ...   Die gläserne Ruhe zerbrach
über dem Haus ...   Aus den Träumen
der Unwirklichkeiten erwacht, standen wir,
mit weit geöffneten Augen, vor der
Wirklichkeit ...   Der neue Tag kam zu uns,
unvorbereitet öffneten wir die Tür ... Nein, nein,
der Morgen kam zu mir, nur für mich
kam er durch die Tür mit Stiefeln und Waffen ...
... Wie heißt du ... Wo bist du geboren ...
Wohnhaft in ... Woher hast du die Waffe ...
Warum hast du auf ihn geschossen ...
Es gibt Zeugen. Du bist Mitglied einer
verbotenen Organisation, wir haben
Material sichergestellt ... Du hast es doch
getan, du warst es ... Unterschreib gleich,
es ist schon alles notiert, dann hast du es
geschafft ...   Wiederholungen, Wiederholungen.
Zuerst das Brennen der vereinzelten
Ohrfeigen, dann die Schmerzen der
Faustschläge ... Die Augen verbunden,
die Hände verschnürt, hörte ich immerzu die
eine Stimme, in meinen Ohren,
im Raum schwiegen die anderen beiden ...
Unvergesslich diese Ventilatorfrische ...
Warum schreien, wenn dich doch keiner
hört, außerhalb dieser Wände, dachte ich
und schrie trotzdem meinen Schmerz
...   Mit jeder Sekunde stürzte ich   ...

XXIII

Ich wachte auf
und war nicht
verwandelt
und spürte doch
die Schwere
der Veränderung

XXIV

... Wo waren meine Bücher,
wo die Petroleumlampe, in der ab und zu noch
das alte Licht aufflammte über den vergilbten
Bildern an der Wand im hölzernen Rahmen ...
Ich sah die Wand, weiß und feucht;
sie kam näher, während ich auf der Pritsche lag,
kam sie mir immer näher, und ich entdeckte,
dass ihr an einer Stelle ein Stück der oberen
Kalkschicht fehlte ... Wie eine Insel auf einer
weißen Karte schimmerte sie Hoffnung ...
Im Geiste zog ich aus meiner Kindheitstasche
einige Buntstifte und begann
die Hoffnung auszumalen.
... Viel Blau, reichlich Gelb und Grün ...
Was war geschehen, meine Insel wurde
mehr und mehr zu einem See ... Bäume, Strand,
Wasser ... Die Wellen kamen mir entgegen ...
Ich sah keine Menschen unter der Sonne ...
Die Wellen kamen mir entgegen ...*

---

* In Anlehnung an ein Motiv aus der Novelle »Wir sind Utopia« von Stefan Andres.

XXV

Meinen Traum
träumte ich ungestört
Im Spiegel
mein Gesicht
angeschwollen die Augen
aufgeplatzt die Lippen
die Stirn
wo war meine Stirn
mit ihren Falten

Draußen
vom Hof her
kletterten verstreute Stimmen
fremd durchs Fenster
während mir
verschämt
das Morgenlicht
ins Gesicht fiel

Es war Dienstag
Die Geräusche
hinter der Eisentür
wurden lauter
Ich wusste
sie würden mich holen
wieder und immer wieder ...

XXVI

In den ersten Tagen
zählte ich
noch meine Schritte
(auch die kleinsten)
und ohne ein Buch
und ohne eine Zeitung
sogar meine Selbstgespräche

Mein Klopfen an die Wand
blieb unbeantwortet ... Lag ich
auf der Pritsche
so malten meine Augen
unbekannte Schriftzeichen
an die Decke
doch vom Himmel unberührt
verblassten meine Schriftzeichen
und ich schloss
meiner Hoffnung
die Lider

XXVII

Was für ein Wochentag es war
an dem ich zum ersten Mal
auf den Hof gelassen wurde
kann ich nicht sagen
ich hatte auch nicht
danach gefragt
Neugierig sah ich mich um
sah so
als müsste doch
gleich etwas geschehen
doch nichts
nichts geschah
Ich blickte auf
– ein Stück Himmel ... Das war sie
meine neue Freiheit ... Ohne Mitgefangene
ohne Gespräche
etwa 50 m breit
und 100 m lang

Nur für einige Sekunden
teilten einige Vögel
meine neue Freiheit
und ich erlebte
für einige Augenblicke
meine Grenzen näher
als in der Zelle

... War die Einsamkeit in mir
oder ich in ihr ... Sehr häufig
wechselte sie ihre Gewänder
angelehnt an die Mauer ...

XXVIII

An einem der letzten Frühjahrstage
die Schmerzen im Gesicht
hatten an Schwere verloren
die Stirnfalten hatten
gerade Stellung bezogen
legte sich über meine Ungeduld
geduldig ein Schmunzeln

Tief atmete ich durch ... Meine Augen
wollten nicht vom Himmel lassen ... Konnte es sein
Eine Wolke lächelte mir zu
nach langer Zeit
ein Lächeln ... Oktay hatte sich in der Zwischenzeit wieder
       in eine Liebe verrannt ... radikal ... radikal ...
       Seitdem schreibt er wieder.

       Obwohl er die Märchen aus 1001
       Nacht alle auswendig konnte,
       er konnte es einfach nicht lassen,
       aber seitdem schreibt er wieder ...

              Enttäuscht von der
              Liebe
              schrieb ich ein Gedicht
              Enttäuscht von dem
              Gedicht
              ließ ich es sein
              mit der Liebe

I

Der Bus rollte
—*zw*ischen
Koranzitaten und *A*rabeskmusik

Hüsrana uğradığım
aşk yüzünden
bir şiir yazdım
Şiir de
hüsrana uğratınca
aşktan
vazgeçtim

I

Disteln
    Disteln
wild wucherte
das dornige Gestrüpp

zuhauf
vertrocknete das Gras
und die Erde
zerpulvert
    gespalten
wie ein Fluch
zogen sich Risse
durch die Landschaft

II

War es eine Zeder
oder eine Zypresse
die mir am Wegesrand
ihren Schatten gab

War es der Hirte
der von der
Weide herunter kam
mich begrüßte und ...

War es der Stein
der unter vielen
geheimnisvoll und verborgen
glänzte und gefunden
sich in meiner Hand
öffnete

III

Verstreut atmeten
die Bäume schwer
in der Gegend
in der Gegend
stand ein Haus
aus Lehm und Stein

Keine zerschlagenen Fenster
Keine eingetretene Tür
Kein vergifteter Brunnen
Nein
rankender Wein
bis zum Dachfirst
Blumen
und was für Farben
auf der Fensterbank
geduldig wartend

Noch wurde die Morgensonne
gestützt
von der nahgelegenen Hügelkette
und vereinzelte Wolken
dieser Jahreszeit
die sich wohl
gestern nacht
gefunden hatten
entschlüpften sacht
aus dem Spiegelblau

IV

Aufgeschlagen
blieb in meiner Hand
»Spiegel« ... Die Gegenwart ...
Ich wollte doch
mein Stirnrunzeln
für einige Wochen
daheim
daheim hinter der
Grenze lassen

V

Der Bus rollte
und rollte
und die Gräben
links und rechts
am Straßenrand
wuchsen und wuchsen
tief
in der Unebene

VI

Zwischen Koranzitaten
und Arabeskmusik
saß ich
eingeklemmt in Schatten

VII

Der Bus rollte
über den Staub
der Straßen
über die Asche
der Tage
in Richtung Stadt
mit ihm
die Erinnerungen
aus den Stunden
in die Stunden

VIII

... Zu zehn Jahren verurteilt, davon fünf
abgesessen ... Gute Führung, jeder Tag zählte
zwei ... Sein Anwalt war engagiert, mehrere
Anklagepunkte entfielen, so viel kann auch
ein Mensch allein in einem Leben nie gemacht
haben. Übrig blieb: Waffenbesitz, Mitgliedschaft
in einer verbotenen Organisation und ...
Er soll einen angeschossen haben, die Zeugen
sollen ihn als Täter überführt haben ...
Seltsam, die Kugel aber stammte nicht
aus seiner Waffe? ... Was war geschehen,
was war mit dem Richter? ...
War es seine eigene Angst, die ihn
in dem Moment politisch machte, oder
war er vielleicht in der Zeit nur Tee trinken? ...
Wer fällte eigentlich das Urteil, die Zeugen? ...
Die Zeugen ... Fünf Jahre Gefängnis ...
Vor kurzem den Militärdienst abgeleistet ...
Keine Reiseerlaubnis ins Ausland ...

**Ich steige aus
Lisa wartet**

Bu sabah
ta
yine
yeni ol
ma
yan
bir
gün
Yeni resimlerin savrulduğu
inceliğin ödünç alınmadığı
gülüşlerin ödün vermediği
Belki yalnızlıktan söylüyorum
de doğru olmadığından
Çocukluğumun denizini
sana göstermeyi çok isterdim
O deniz hala kafamın içinde
ve gökyüzü gözlerimin önünde

I

Ich öffnete Gardinen
Fenster und Türen
Das Sonnenlicht
drang ins Innere ... In den Räumen
erwachte die Zeit
überdauert in den Ecken

Ich ordnete sorgfältig
meine Kleidung sauber
in den Schrank
und sonstige Dinge
aus Deutschland

II

Ich ging einige Abkürzungen
wenige Umwege ... Wie vor einem Jahr
klaute ich der Natur
vergessene und neue Bilder
ungeschminkt und ohne
viele Worte ... Hatte sich
in diesem Ort
nichts verändert

Klingelte an Türen
traf keine Freunde
nur Bekannte ... Höfliches Nachfragen
Höfliches Entschuldigen ... Zu Hause
wartete auf mich noch
mein leerer Kühlschrank

III

Freitag.
Die Sonne wärmte mir das Gesicht,
und ich
konnte gelassen zum Markt gehen.
Unweit vom Gemüsestand
in der Nähe des Springbrunnens
blieb ich stehen.

Ich bin von Geburt an neugierig
und meine überaus große Neugier
an diesem Morgen fesselte mich.

Fünf Männer standen im Kreis;
der jüngste war vielleicht achtzig Jahre
Einer von ihnen machte einen Schritt
ins Kreisinnere und sagte:
»Sag es, sag es endlich, gib es zu.«
Ich hörte nur noch ein Klatschen, ein weiteres
Klatschen und ein dumpfes Geräusch.
Der Mann machte einen Schritt zurück
und schloss wieder den Kreis.
Ein anderer dann,
der neben ihm stand,
trat jetzt ins Kreisinnere und sagte:
»Sag es, sag es endlich, gib es endlich zu.«
Ich hörte wieder nur ein Klatschen, ein weiteres
Klatschen und ein dumpfes Geräusch.

Als die Runde durch war,
näherte ich mich unbemerkt dem Geschehen.
Ein Sechzigjähriger blutete
aus der Nase und aus dem Mund so stark,
dass er bei jedem Spucken einen Zahn verlor.
Da begann wieder eine neue Runde,
und als die zuende war,
wieder eine neue,
und dann wieder,
und dann wieder,
und dann hatten meine Augen
es gestrichen voll
und ich
begann gelangweilt meinen Einkauf.*

---

*   in Anlehnung an Daniil Charms

IV

Samstag
Zwischen Gesprächen mit geschärften
und ungeschärften Schnauzbärten
die ihre Zeit
mit Karten- und Tavlaspielen
und mit gelegentlichem Fluchen schmückten
saß ich müde an einem Tisch ... Heute morgen
sah ich meine Nachbarin
halbnackt sich langweilen
wie gut
dass sie ihre Hässlichkeit
nur halbnackt offenbarte ... Drei Tassen Kaffee
zwei Brezeln ... Die Leere
trieb mich
in die Leere

Das Gesicht
im Gras
Die Sonne
im Hemdkragen
gab ich es auf
zu wachsen
gegen die Sonne
Und in den Sinn
kam mir das kranke Bild
über die Lippen ... Hing es
Immer noch
so schief
an ihrer Wand

V

Die Augen
zugewandt der Hoffnung
zwischen leeren Weingläsern
unmöglich für den einen
Augenfarben des anderen
zu deuten

Die ersten Buchstaben
fallen
verfallen in Mimik

Das Formulieren
ist mühsam
der Tisch
zwischen uns
ist lang

VI

Noch am selben Abend,
als das Meer
zu sehen war in der Ferne
dem Himmel
in Blau entriss,
sagte ich,
Ach,
und mein Ach verließ mich.

In den letzten vier Jahren,
sagte ich
nicht selten Ach,
und mein Ach verließ mich.

Einmal zog es nach Köln und spielte
dort mit dem Bischof Verstecken.
Dabei lüftete mein Ach
Ihm seine Kutte und
verführte ihn mehrmals zu Weiberspielen.
Dann kletterte es in die Domspitze und sprang
tief in ein Faschingsherz.

Mein Ach störte es nicht,
wenn die Wolken tief hingen und
der erste Schnee schon schwer und kalt roch.
Mein Ach störte es nicht,
wenn der Himmel sich spreizte und
sein Blau ergoss,
wie der damalige Himmel in meiner Liebsten Augen.

Ein anderes Mal,
trampte es nach Istanbul und
verwickelte den Imam in ein Gespräch,

so
dass es trunken wurde von zwei Flaschen Beaujolais.
Dann stieg es in die Minarettspitze
der Blauen Moschee,
verwirrte eine Zeitlang die Gläubigen und sprang,
bevor sie es zerstückelten,
in den verschmutzten Bosporus.

Aber irgendwie kehrte es immer wieder zurück.

Jetzt ist es endgültig fort,
nun ist es vorbei mit meinem Ach,
dachte ich,
als ich am Sonntag
auf dem Balkon saß
und das Meer
wieder dem Himmel
sein Blau entriss.

Ich rannte gleich in das erstbeste Restaurant,
um wenigstens meinen Hunger zu stillen.
plötzlich hörte ich,
hinter mir
Sätze in einer Sprache,
die mir vertrauter waren
als die Sätze,
meiner eignen ... Ich drehte mich um und ...
Wie kam es dorthin,
seit wann saß es dort ... Auf diesen Lippen,
auf diesen fremden Lippen,
die sich bewegten,
sich öffneten,
so trocken und doch
so weinfeucht ... Ich stand auf ...

VII

Leichtes Abtasten,
etwas Biographie,
nicht zu stark würzen,
den Braten medium lassen... Peter und Claudia
kamen aus Köln,
beide Lehrer,
Lisa kam aus derselben Stadt,
Diplompädagogin,
Schwester von Claudia.

Thema eins: »Deutschland ein Wintermärchen«
Thema zwei: »Deutschland, ein türkisches Märchen«

VII

Ich hatte Arbeit bekommen. Zwei Monate Arbeit in den Semesterferien. Das ist doch schon was, dachte ich, dann noch im gewerkschaftseigenen Betrieb.
Umgezogen wartete ich im Flur vor der Tür zu den Umkleidekabinen. Es dauerte wirklich nicht lange, und Herr W., ein untersetzter Mittvierziger mit spärlichem Haarwuchs, wie ihn mir bereits die gestandene Dame aus der Personalabteilung beschrieben hatte, stand vor mir.
»Also, du bist der Neue, dann komm mal mit.«
Unser Weg führte durch helle und graue Flure, durch riesige hohe Hallen, in denen Stahlregale, die mit Paketen überfüllt waren, bis zur Decke reichten. Herr W. sprach nicht viel, nein, eigentlich stellte er nur Fragen, ohne danach auf Antworten ernsthaft einzugehen. Dabei war ich doch sehr bemüht, die richtige Wortwahl zu treffen, und diese dann auch korrekt zu betonen, schließlich war er ja mein Vorgesetzter, zumindest für die nächste Zeit. Wie dem auch sei. Vielleicht war er nur ein Morgenmuffel.
»Wie heißt du?«
»Halil Yenigün.«
»Wie?«
»Halil Yedigün?«
»Nein, Halil Yenigün.«
Woher sollte er auch wissen, dass »Yenigün« »Neuer Tag« bedeutete, und dass »Yedigün« »Sieben Tage« heißt. Ich lachte nicht, nein, ich blieb ernst... »Hört mal, hört mal alle her. Das ist der Neue, das ist Halil. Er verstehen alles.«

VIII

Pädagogen können einem auch ...
die letzte Idylle zerreden ... Ausländerfeindlichkeit,
Fremdenhass ... Was suchten diese Dinge
zwischen dem Auberginen- und Hirtensalat

In meinem Rakı-Glas
drohten fast
die Sterne zu erlöschen,
wäre mir da nicht der »Villa Doluca«
zu Hilfe geeilt,
Peter hätte kein Ende gefunden.
Er fiel nicht gerade vom Stuhl,
aber aus dem weiteren Bild des Abends,
untergehakt von Claudia beim torkeligen Abgang.

IX

Die Nacht
die Nacht nahm
uns auf
ausgestreckt in Umarmungen
nahm sie uns auf
bis im Schweiß
verstummt
unsere Körper atmeten

X

Auf Lisas Lippen fand ich mein Ach wieder.
Der »Morgenstern«, der »Morgenstern« hatte einen
»Seufzer«,
der aber ertrank.

XI

Am hellen Frühstückstisch
entdeckte
meine Nachbarin (angezogen)
in Lisa eine Frau

XII

Nach einer
für uns nicht neuen
Frühstücksromanze (interkultureller Art)
schlossen wir uns
gemeinsam der erstklassigen Marmarasonne an
Ein Tag
ein Montag in Bursa
zwischen Historie und Moderne

Postkarten
und nochmals Postkarten
... Eine Moschee im Grünen
grünte mehr als nötig
aus der Zeit
Uludağ
die Sehnsucht vieler Armen
nicht nur im Winter
ragt stolz empor
für die Reichen
mehr als 2 500 m
Ein Schuhputzer
sprach oder sang
während seine Kinderhände
erwachsen
fremde Schuhe polierten ...
»Mein Land« glich dem ersten
Sonnenstrahl im Frühjahrsgesicht
doch wie sollte ich
im Hochsommer
dieses Frühjahrsgesicht
lebend verschicken
ohne die Originalität
meiner Handschrift zu verlieren

XIII

In einem der vielen Teegärten
mit diesigem Blick über die müde Stadt
übersetzte ich Lisa
die Zukunft aus den Wölbungen
ihrer Mokkatasse

XIV

Geburtsjahr. Geburtsmonat
Geburtstag und jetzt noch die
Geburtsstunde ...
Na!
Wo ist die Geburtsstunde?
Wo ist die Stunde?

Keine Angabe.
Dafür: Gemeldet in Kayseri.

»Mutter, Mutter, ich bin doch
in Ankara geboren, warum bin
ich dann in Kayseri gemeldet?«
»Mein Sohn, das ist halt so. Dein Vater ist dort
geboren, schon dein Großvater, deshalb Kayseri.«
»Aber.«
»Das ist eben so.«
»Dann sag, um wieviel Uhr bin ich geboren?«
»Das weiß ich nicht.«
»Das weißt du nicht?«
»Doch, irgendwann, morgens in der Frühe.
Der Muezzin rief gerade
die Gläubigen zum Gebet.«
»Und wann genau war das? Der ruft doch
fünfmal oder mehr.«
»Morgens um fünf. Ja, morgens um fünf war das.«

»Ich überlegte und überlegte ... Türkei fünf Uhr,
Deutschland vier Uhr ... Mensch, wenn der Typ
besoffen war und ist die Treppen nicht früh
genug hochgekommen ...

Am nächsten Tag traf ich meine Freundin
und erklärte ihr die Umstände, Zustände,
überhaupt die Stände und zwei Wochen später:
»Mit Ihrem Ordnungssinn und dem Hang
zum Absoluten sind Sie prädestiniert
für Berufe wie Arzt, Rechtsanwalt...«

Astrodata, Astrodata... Draußen grinste
die Gegenwart. Auf dem Schreibtisch ruhte das
Papier: Ich zog an meinem Bart... Der Muezzin,
der Muezzin, was war bloß mit ihm?

XV

...Wort für Wort
kehren Körper zurück
ins gewohnte Licht
werfen sie ihre
neu entdeckten Hoffnungen
im zerbrochenen Spiegel
der Harlekin
zu sehen
ungeschminkt

XVI

Ich verließ auf Zehenspitzen
das Schlafzimmer
nahm eine Dusche
und zog aus der Tasche
Erinnerungen
gefaltet
über vier Grenzen

XVII*

1

Der Abend im Kopf
ist endlos und tief
wie das Meer.
Weder kann ich
ihn austrinken noch übergehen.
Frühzeitig schalte ich
das Licht ein,
damit sein Antlitz sterbe,
in meinen Augen.

Heute schlich er sich,
mit deinem Parfüm,
unter meiner Haustür ein,
im Rücken den Mond
und die Sterne.

Ich habe versucht, ihn
festzuhalten,
wenigstens für eine Stunde,
bevor er weiterzog...

---

* Der Gedichtzyklus XVII erschien erstmals unter dem Titel »Nach einem trockenen Tag« in: Gerhard Rademacher (Hrsg): Kleine Turmmusik. Geschichten und Gedichte in, aus und über Unna, Unna 1988. S. 123 – 127.

2

Der Abend,
in dem Ort,
den ich nie sah,
der Abend,
der vor Fenster und Türen getreten war
– was war mit ihm,
unverzerrt zogen die Bilder ohne Wiederkehr ...

Das Weiß erstarrte,
ein Schuss zerriss die Stille.
Das Echo wurde geschluckt
– von den Felsen.
Der Schrei verlief sich
– mit den Wellen.
Der Regen soll die Spuren verwischt haben;
ein Schaf soll einen umherstreunenden Hund gerissen haben ...

Grau fiel auch heute der Tag durchs Fenster.
Ich erwachte.
Diesmal jedoch nicht von dem hässlichen Gesang
des frechen Vogels,
der sich schon seit Tagen wohlfühlt
in deiner grünen Brust.
Der mir
in aller Herrgottsfrühe
meine Träume stiehlt.
Ich kann einfach diesen Dieb nicht finden.
Du machst es mir auch nicht leicht.
Noch im Morgengrauen greifen deine Äste zu den Sternen.
Mit jedem erlebten Morgenrot wächst du mehr in den Himmel.

Ich kann einfach diesen Dieb nicht finden.
Vielleicht demnächst,
wenn du dich freimachst
zwischen den Backsteinwänden ...

Ich starrte aus dem Fenster,
und lief hinter veralteten Gedanken her
– bis sich einige Wolken in meinen Augen wiederfanden ...

3

Du warst zu ängstlich,
deine Kleidung auszuziehen,
und ich,
ach, ich,
war so mutig,
sie anzulassen,
an dem Tag,
im Olivenhain,
nahe den Wellen.

Unsere Erwartungen hatten ihre Hände geöffnet,
das Salz und die Sonne brannte unter der Haut,
rätselhaft war der Geschmack ... und die Flügelschläge
der Möwe in deinen Augen
– weiß
zwischen dem Blau.

Es ist zwanzig Uhr.
Mein Abend wirft seine Schatten.
Jemand,
den ich nicht kenne,
klopft an der Wand meiner Lebensform ... Deine Blicke
decken längst nicht mehr mein Gesicht
– gläsern dein Atem.

4

Heute stand ich in der Allee,
vor deinem Haus,
doch nicht lange.

Der Wind trieb mir den Schnee ins Gesicht.
In den Räumen brannte ein warmes Licht,
doch ich drehte mich um,
den Rücken zum Wind,
und sah meine Spuren schon zugeschneit.
Ich ging meinen Weg,
und ging weiter,
bis es aufhörte zu schneien.
Da stand die junge Birke vor mir,
unsere Auserwählte,
einige Monate älter.
Sie ließ ihre Schultern hängen,
wie die anderen Birken auch
unter der Last des Schnees.
Sie war wie die anderen geworden,
die tagtäglich von neuem ihre Wurzeln spüren,
auch unter der weiß-kalten Decke.
Das ist auch gut so,
aber wer hatte die Idee,
im Herbst noch,
unter ihr zu liegen,
unter dem Himmel,
der mit uns kein Verstecken spielte.
Sah ich nicht Blätter,
die sich munter im Wind wiegten,
und Blätter,
die sich vergilbt auf dem Rasen krümmten.

Heute,
als ich so dastand, versteift in kalter Erinnerung,
kam die Wintersonne durch,
sie wollte,
dass ich mein Gesicht öffne.

5

In den Augen,
in denen sich Räume zusammenschließen,
spiegelt sich unsere Zeit,
gelassen,
scheinbar endlos im Schatten der Platane.

Komm,
lass das Badewasser einlaufen.
Komm,
lass uns plätschern und spielen.
Diesmal nimmst du die Ente und ich den Erpel.
Kannst du sie nicht finden,
dann lass das Wasser einlaufen,
und wir spielen es selbst.
Ich weiß,
dass du es magst,
wenn es überläuft
und du über die Grenzen getragen wirst.
Aber pass auf,
ich bin seit dem Tag,
in dieser Zeit,
nicht mehr gewachsen,
bin noch immer ein Kleinasiat...

Schau,
schau doch,
drüben im Schatten der Platane stehe ich,
oder ist es eine Kastanie.
Bäumchen verwechsle dich
– mich.

6

Auch als der letzte Lichtstrahl gestorben,
blieb der Tag in der Begegnung,
im Wiedersehen,
im Verlust der Quelle.

Ihre Lippen zeichneten sich in den Worten ab.
Ihr Körper schmiegte sich in die Mimik.
Doch jetzt spüre ich den Rückzug meiner Hände.

Das Plateau tritt vors Fenster,
ausgelöscht die Farben,
verloren in der Tiefe;
wo ist die Ebene und das Gebirge?
Mein Gesicht im Fenster
– unklar,
zu sehen in der Ferne.
Jetzt könnte es schneien,
Sterne.

7

Der Abend hatte seine Farben verbraucht.
Müde von unserer Unruhe,
senkte er seinen Kopf
unverstanden in den Schoß.
Warum bist du nicht aufgestanden?
Warum nicht ich?
Mehrere Türen verließen doch den Raum.
Mehrere Uhren bestimmten doch die Zeit,
zeigten aus der Zeit.
War dieses Bild nicht ein wiederkehrender Augenblick?
Mit jedem Schluck aus dem Glas versank die Erinnerung,
bis sich nur noch eine Leere widerspiegelte.

Wann wird der Abend sich selbst erzählen,
ohne dich und mich?
z. B. an einem Tag wie heute,
bevor er ganz zu Ende geht...

8

Morgen werde ich mich treiben lassen.
Alles stehen und liegen lassen und in den Fluss springen.
Ich werde zu Wasser werden.
Dann könnten wir uns wiedersehen,
und ich
hätte dich erreicht,
gefiltert durch verschiedene Anlagen.

Ich hoffe,
rein und klar
in dein Glas zu gelangen.
Du würdest mich probieren,
ohne zu wissen, mich austrinken
und sagen:
»Das tut gut, nach einem trockenen Tag.«

Mir würde es auch gut tun.
Ich würde weiterleben,
ohne ein Selbstmörder zu sein.

XVIII

Hatte sich
ein Märchenerzähler
in ihren Schlaf
traumhaft eingeschlichen ... Wer
war dieser Nebenbuhler ... Was
erzählte er ... Von dem Sultan
der seinen Bart verlor ... Oder ... Wie Dil-rübâ
einem Şehzade begegnete ... Diese Grübchen
Diese Grübchen ... Ich streichelte ihr
die Nacht
aus den Haaren ... Ungezählt die Sekunden
ausgemalt
die Sternenbilder ... Ich streichelte ihr
die Nacht
aus den Haaren ... Ihr Körper erwachte
der Dienstag trat
unverschlossen
durch die Schlafzimmertür

XIX

Eingespannt in meiner
deutschen Schreibmaschine:

Endstation
Bursa
Zwischenstation
Gemlik

Ich steige aus ... Lisa wartet
nach vier Tagen Trennung

Ich steige aus ... Bevor
der Bus weiterrollt
über den Staub
der Straße
über die Asche
der Tage
in Richtung Stadt
mit ihm
die Erinnerungen
aus den Stunden
in die Stunden

Ich steige aus ... Weit gekommen
mit alten Worten
zurückgekehrt
mit neuen
– vielleicht ohne Wiederkehr

**Gözler · Umuda yönlenmiş
iki boş şarap kadehi arasında**

Birinin diğerinin göz renklerini

yorumlaması imkânsız gibi

**Düşüp kayan mimikteki ilk harfler...
Cümle kurmak yorucu
Aramızdaki masa uzun**

Nach-Sätze I

*Ausgehend von einigen
Erfahrungen
aus jener Zeit.*

Während die Dummheit
das Gefühl der
Unfehlbarkeit grenzenlos auslebt
erfährt die Intelligenz
tagtäglich ihre Grenze

Nach-Sätze II

Dieses Erlebnis hätte, wie viele andere auch, die ich manchmal zu gern als »gemütlicher Faschismus« bezeichne, an Stelle der Geschichte »Ich hatte Arbeit bekommen...« im Kapitel »Ich steige aus... Lisa wartet« stehen können.

Als meine neue Liebe (mit traurig-zittriger Stimme) erzählte, wie ihre Eltern über Türken denken, und dass sie mich überhaupt nicht sehen und kennenlernen wollen, da war ich doch sehr betroffen und betrübt. Ich muss schon sagen, so etwas war mir als Türke in diesem Land bislang nicht widerfahren und vollkommen unbekannt. Na ja, man hört es schon mal im Radio oder sieht es im Fernsehen, dass es auch unfreundliche Deutsche gibt, aber es wird immer wieder hoch und heilig erklärt, dass das die ewig Unverbesserlichen seien und ihr Prozentsatz sehr gering.
Wie dem auch sei... Ich verfiel in tiefes Schweigen; ich dachte lange nach, und plötzlich kam mir in den Sinn, ihre Eltern zum Essen einzuladen. Ich besorgte mir auch gleich ein Kochbuch, speziell für Schweinefleischgerichte... Deutsches Abitur... Deutsches Studium... Warum nicht einmal eine richtige Schweinshaxe, dachte ich, schließlich ging es ja um meine neue Liebe und der Hoca hätte es mir mit Sicherheit verziehen.
Allerdings begriff ich sehr schnell, dass das mit dem Schwein auch nicht einfach ist. Ob Hammel oder Schwein: Spülen konnte ich schon immer besser...
Was sollte ich tun?
Meine Verzweiflung stand mir auf der Stirn geschrieben...
Da erfuhr ich, dass ihr Vater es gut mit der Tierwelt kann und eine annehmbare Sammlung zusammen hat.
Das war es.

Das war meine Rettung.
Mein Freund, ein Deutscher, hatte mir mal erzählt, dass er auch in solch einer Situation gesteckt habe. Wissen Sie, wie er das geregelt hat?
Er hatte auf den richtigen Zeitpunkt gewartet und hat dann dem Vater seiner Liebsten dreizehn Ziegen angeboten.
Der arme alte Mann soll so überrascht und angetan gewesen sein, dass er nur noch gesagt habe: »Die Ziege kannst du umsonst haben.«
Ob es nun ein Scherz war oder nicht, auf jeden Fall war es ein deutsch-deutscher Handel, und bei mir handelte es sich um ein deutsch-türkisches Abkommen ...
Ich konzentrierte mich auf die langjährige Tradition meines Landes, berief mich auf meine Ahnen und Vorfahren und schrieb ihrem Vater einen höflichen Brief ...
Bei Allah und seinem Propheten, ihr Vater hätte mich vor Freude fast mitten auf der Straße zu Tode umarmt und mir noch einen Kuss auf die Stirn gesetzt, wenn nicht seine Tochter dazwischen gegangen wäre mit den Worten: »Jetzt reicht es, so viel Nächstenliebe ist ungesund.«

Nach-Sätze III

*Von der halbfiktionalen Lisa
zur realen ...*

... Komm
    Geh
Nein
    Nein
Warte
    So warte doch
Im Warten
habe ich dich
kennengelernt ...

Den Himmel von
morgen hatte ich
gestern ungeteilt aufgehängt
Zu früh
vielleicht das Fenster
geöffnet ... Stimmen ... Geräusche ... Wo war das Lächeln
das mir die Stirnfalten nahm ... Wo der Kuss
im Morgenspiegel unbeschlagen

Der Abend warf
seinen Schatten wieder tief
ins Zimmer ... Alles ruhte
an seinem Platz ... Die Bücher im Regal ... Der Kelim
an der Wand ... Die Uhr auf der Fensterbank ... Das ungelebte
Gedicht auf dem Schreibtisch
und darin
meine Geduld
– zwischen Interjektionen
verstreut

Nach-Sätze IV

*Nochmals von der halbfiktionalen Lisa
zur realen...*

Die letzte Nacht
liegt mir in der Kehle
und will nicht raus... Die Unruhe
hat mich eingeholt
hält mich gefangen
immer dann
wenn ich mich hingebe... Der Wind
durch den Spalt der Schlafzimmertür
streichelt leblos
vergangene Stunden... Wieder kein neuer Tag
an diesem Morgen
der neue Bilder wirft
in denen
die Zärtlichkeit nicht ausgeliehen
das Lächeln nicht ausgeborgt... Vielleicht
sage ich es aus Einsamkeit... Vielleicht
weil es stimmt... Das Meer
meiner Kindertage
hätte ich dir gerne gezeigt... Das Meer
habe ich noch immer im Kopf... Den Himmel
vor den Augen
im Fenster müde
droht er zu kippen... Vielleicht... Die letzte Nacht
liegt mir in der Kehle
und will nicht raus... Dabei
habe ich nicht einmal
deinen Namen gehört
auch als die Nacht
spät die Kneipe schloss

Anmerkungen

Alevi: Angehöriger einer besonders in der Türkei verbreiteten, freigeistigen Abspaltung des schiitischen Islam
Angora: bis Ende des 19. Jahrhunderts Name von Ankara
Arabeskmusik: populäre, ornamentale Form der Serailmusik, die hier eindeutig negativ konnotiert ist, wie etwa billiger deutscher Schlager
Bafra: weitverbreitete, relativ billige Zigarettenmarke
Bebek: Istanbuler Stadtteil an der gleichnamigen Bucht des Bosporus
Blaue Moschee: weltberühmte Moschee in Istanbul
Bursa: unweit des Marmarameer gelegene Industriestadt, einst Hauptstadt des Osmanischen Reiches
Çekirge: Stadtteil von Bursa
Çorum: Provinzhauptstadt, etwa 250 km nordöstlich von Ankara
Dede Efendi: Osmanischer Komponist (1778–1846)
Dil-rüba: osmanisch für verführerisch, reizend
Fener: Kurzform für den FC Fenerbahçe
Gala: Kurzform für den FC Galatasaray
Gemlik: unweit des Marmarameers gelegene Kleinstadt
Hamam: öffentliches Badehaus
Imam: islamischer Vorbeter

Im Namen Marx' und Willen Lenins: Anspielung auf die religiöse Formel
   »Im Namen Allahs und Willen Mohammeds«
Kayseri: mittelanatolische Industrie- und Handelsstadt
Kızılay: Stadtteil von Ankara
Laz: Lase, Bewohner der Schwarzmeerküste, über die, vergleichbar den
   Ostfriesen, viele Witze im Umlauf sind
Muezzin: Gebetsrufer
Rastlied: Melodie, die auf dem arabischen und türkischen »Rast«-Muster,
   zwei Volltöne und ein Halbton, beruht und ebenso in der persischen
   und indischen Musik verbreitet ist
Rakı: Anisschnaps
Sunni: Sunnite
Şehzade: Titel der osmanischen Prinzen
Tavla: Brettspiel
Uludağ: der Olymp der griechischen Antike, heute populärer Skiort
Ulus: Zentralplatz von Ankara
Villa Doluca: bekannte türkische Weinmarke
Yezidi: Angehörige einer monotheistischen, synkretischen Religion
»Yine bir gül-nihâl aldı bu gönlümü«: berühmter Walzer von Dede Efendi

Reisen voll inniger Poesie »…Levent Aktoprak denkt viel nach, ist ein Kind des Ruhrpotts geworden, steht mitten in der kulturellen und interkulturellen Entwicklung dieser Region; er ist gesellig, leutselig, schnell aufnahmefähig und gar nicht kompliziert; er ist kein Hitzkopf und dennoch politisch hellwach. Seine literarischen Vorbilder sind Brecht und Fried, Neruda und Nâzım Hikmet, der wohl bekannteste Autor in der Türkei…« **Fränkische Landeszeitung** 1996

In klaren, von einer strengen Form beherrschten Bildern beschäftigt sich Aktopraks Lyrik mit der allgemeinen Situation des Türken in der Bundesrepublik, aber auch mit Problemen, die er als Einzelner, stellvertretend für alle, die sich mit dieser ihrer Umwelt reflektierend auseinandersetzen, formuliert, beschreibt, kommentiert…«
Westdeutsche Allgemeine Zeitung 1985

Nicht als Türke, als Demokrat »... Aktoprak macht sich so seine Gedanken über dieses Land, ›das auch ein Stück von mir ist.‹ Ihn regt die Gedankenlosigkeit der Menschen auf. Er nennt seinen Prozeß gegen einen Diskjockey, der in der Disko mit dem Spruch ulkte: ›Advent, Advent. Ein Türke brennt.‹ Aktoprak sieht darin gar nicht mal eine Gesinnungsfrage, sondern schlicht ›Dämlichkeit‹. ›Aber gerade jene apolitischen Menschen, die nicht nachdenken, sondern nur auf ein, zwei Slogans abfahren, haben seiner Meinung nach ›Adolf erst möglich gemacht und geben heute den Republikanern ihre Stimme‹. Der Diskjockey wurde wegen Volksverhetzung verurteilt. Wichtig für Aktoprak war daran ›die Verurteilung auf demokratischem Weg‹. ›Denn‹, so sagt er, ›ich handle nicht als Türke, sondern als Demokrat...«
Die Welt 1989

Levent Aktoprak, geboren 1959 in Ankara, kam 1964 in die BRD. Er studierte Allgemeine Literaturwissenschaft, Soziologie und Pädagogik, veröffentlichte mehrere Bücher, Features, Szenen und Hörspiele. 1980 wurde er erster Preisträger des Literaturförderpreises der Stadt Bergkamen, 1991 war er Stipendiat in Amsterdam. Zwischen 1988 und 1992 moderierte beim ZDF die Mittagssendung »Nachbarn in Europa«. Levent Aktoprak arbeitet heute als Journalist, Autor und Moderator für den Deutschlandfunk und WDR. Er moderiert die Radiosendung »Tag für Tag – Informationen aus Religion und Gesellschaft« beim Deutschlandfunk.

Lyrik:
Das Meer noch immer im Kopf. Dağyeli Verlag 1991
Unterm Arm die Odyssee. Dağyeli Verlag 1987
Ein Stern, der blühen kann. Dağyeli Verlag 1985

Prosa:
Eine türkische Familie erzählt. Reportage. Hg. Stadt Leverkusen. Leverkusen 1990

Anthologien:
Fremde Heimat Hellweg. Wie Sarazenen, Tataren, Türken, Russen und andere hier heimisch wurden. Zus. mit Klaus Goehrke. In: Kreuz und quer den Hellweg. Literarische Ansichten einer Region. Klartext 1999
Schwarzgelbe Freunde – überall auf der Welt, Verlag die Werkstatt 2016

Radiofeatures:
Eine lyrische Reise durch unlyrische Zeiten oder Gedankenlandschaft an einem Nachmittag
Bittere Heimat Deutschland oder der Weg zwischen den Kulturen
Zwischen Bosporus und Ruhrgebiet. Türkische Kicker im Revier
Der Basar, der Handel und der Islam
Byzanz, Konstantinopel, Istanbul... Im Schatten der Metropole: Polonezköy, das Dorf der Polen
Zwischen Belletristik und Engagement. Der Schriftsteller Yaşar Kemal
Haus der Glückseligkeit. Der osmanische Harem am Bosporus
Die Vereine, der DFB und das Bosman-Urteil. Gib dem Fußballnachwuchs eine Chance

Rezitation – Musik – Moderation von Kleinkunstprogrammen:
Grenzen überwinden. Eine lyrisch-musikalische Reise durch die alte und moderne Türkei
Sogar der Taxifahrer fragte nach... Von Galata nach Adampol. Reportagen und Musik aus Istanbul